U0033711

吳忠信日記

（1957）

The Diaries of Wu Chung-hsin, 1957

民國日記 | 總序

呂芳上
民國歷史文化學社社長

　　人是歷史的主體，人性是歷史的內涵。「人事有代謝，往來成古今」（孟浩然），瞭解活生生的「人」，才較能掌握歷史的真相；愈是貼近「人性」的思考，才愈能體會歷史的本質。近代歷史的特色之一是資料閎富而駁雜，由當事人主導、製作而形成的資料，以自傳、回憶錄、口述訪問、函札及日記最為重要，其中日記的完成最即時，描述較能顯現內在的幽微，最受史家重視。

　　日記本是個人記述每天所見聞、所感思、所作為有選擇的紀錄，雖不必能反映史事整體或各個部分的所有細節，但可以掌握史實發展的一定脈絡。尤其個人日記一方面透露個人單獨親歷之事，補足歷史原貌的闕漏；一方面個人隨時勢變化呈現出不同的心路歷程，對同一史事發為不同的看法和感受，往往會豐富了歷史內容。

　　中國從宋代以後，開始有更多的讀書人有寫日記的習慣，到近代更是蔚然成風，於是利用日記史料作歷

史研究成了近代史學的一大特色。本來不同的史料，各有不同的性質，日記記述形式不一，有的像流水帳，有的生動引人。日記的共同主要特質是自我（self）與私密（privacy），史家是史事的「局外人」，不只注意史實的追尋，更有興趣瞭解歷史如何被體驗和講述，這時對「局內人」所思、所行的掌握和體會，日記便成了十分關鍵的材料。傾聽歷史的聲音，重要的是能聽到「原音」，而非「變音」，日記應屬原音，故價值高。1970年代，在後現代理論影響下，檢驗史料的潛在偏見，成為時尚。論者以為即使親筆日記、函札，亦不必全屬真實。實者，日記記錄可能有偏差，一來自時代政治與社會的制約和氛圍，有清一代文網太密，使讀書人有口難言，或心中自我約束太過。顏李學派李塨死前日記每月後書寫「小心翼翼，俱以終始」八字，心所謂為危，這樣的日記記錄，難暢所欲言，可以想見。二來自人性的弱點，除了「記主」可能自我「美化拔高」之外，主觀、偏私、急功好利、現實等，有意無心的記述或失實、或迴避，例如「胡適日記」於關鍵時刻，不無避實就虛，語焉不詳之處；「閻錫山日記」滿口禮義道德，使用價值略幾近於零，難免令人失望。三來自旁人過度用心的整理、剪裁、甚至「消音」，如「陳誠日記」、「胡宗南日記」，均不免有斧鑿痕跡，不論立意多麼良善，都會是史學研究上難以彌補的損失。史料之於歷史研究，一如「盡信書不如無書」的話語，對證、勘比是個基本功。或謂使用材料多方查證，有如老吏斷獄、法官斷案，取證求其多，追根究柢求其細，庶幾還原

案貌，以證據下法理註腳，盡力讓歷史真相水落可石出。是故不同史料對同一史事，記述會有異同，同者互證，異者互勘，於是能逼近史實。而勘比、互證之中，以日記比證日記，或以他人日記，證人物所思所行，亦不失為一良法。

從日記的內容、特質看，研究日記的學者鄒振環，曾將日記概分為記事備忘、工作、學術考據、宗教人生、游歷探險、使行、志感抒情、文藝、戰難、科學、家庭婦女、學生、囚亡、外人在華日記等十四種。事實上，多半的日記是複合型的，柳貽徵說：「國史有日歷，私家有日記，一也。日歷詳一國之事，舉其大而略其細；日記則洪纖必包，無定格，而一身、一家、一地、一國之真史具焉，讀之視日歷有味，且有補於史學。」近代人物如胡適、吳宓、顧頡剛的大部頭日記，大約可被歸為「學人日記」，余英時翻讀《顧頡剛日記》後說，藉日記以窺測顧的內心世界，發現其事業心竟在求知慾上，1930年代後，顧更接近的是流轉於學、政、商三界的「社會活動家」，在謹厚恂恂君子後邊，還擁有激盪以至浪漫的情感世界。於是活生生多面向的人，因此呈現出來，日記的作用可見。

晚清民國，相對於昔時，是日記留存、出版較多的時期，這可能與識字率提升、媒體、出版事業發達相關。過去日記的面世，撰著人多半是時代舞台上的要角，他們的言行、舉動，動見觀瞻，當然不容小覷。但，相對的芸芸眾生，識字或不識字的「小人物」們，在正史中往往是無名英雄，甚至於是「失蹤者」，他們

如何參與近代國家的構建，如何共同締造新社會，不應
該被埋沒、被忽略。近代中國中西交會、內外戰事頻
仍，傳統走向現代，社會矛盾叢生，如何豐富歷史內
涵，需要傾聽社會各階層的「原聲」來補足，更寬闊的
歷史視野，需要眾人的紀錄來拓展。開放檔案，公布公
家、私人資料，這是近代史學界的迫切期待，也是「民
國歷史文化學社」大力倡議出版日記叢書的緣由。

導言

王文隆

南開大學歷史學院副教授

一、吳忠信生平

　　吳忠信（1884-1959），字禮卿，一字守堅，別號恕庵，安徽合肥人。1900 年八國聯軍攻陷北京，光緒帝與慈禧太后西逃，鑑於國難而前往江寧（南京）進入江南將弁學堂，時年僅十七。1905 年夏天畢業後，奉派前往鎮江辦理徵兵，旋受命為陸軍第九鎮第三十五標第三營管帶，開始行伍生涯。隔年經楊卓林介紹，秘密加入同盟會。1911 年武昌起義，全國響應。林述慶光復鎮江，自立為都督，任吳忠信為軍務部部長，後改委為江浙滬聯軍總司令部總執行法官兼兵站總監。

　　1912 年元旦，孫中山就任中華民國臨時大總統，奠都南京，吳忠信任首都警察總監。孫中山辭職後，吳忠信轉至上海《民立報》供職，二次革命討袁時復任首都警察總監，失敗後亡命日本，加入孫中山重建的中華革命黨。並於 1915 年，在陳其美（字英士）帶領下，與蔣中正同往上海法國租界參預討袁戎機，奠下與蔣中正的深厚情誼。1917 年，孫中山南下護法組織軍政府，吳忠信奉召前往擔任作戰科參謀，襄助作戰科主任蔣中正，兩人合作關係益臻緊密。爾後，吳忠信陸續擔任粵軍第二軍總指揮、桂林衛戍司令等職。1922 年，

吳忠信作為孫中山的全權代表之一員，與段祺瑞、張作霖共商三方合作事宜。同年 4 月前往上海時，因腸胃病發作，辭去軍職，卜居蘇州。爾後數年皆以身體不適為辭，在家休養，與好友羅良鑑（字偌子）等人研究諸子百家。

1926 年 7 月，蔣中正就任國民革命軍總司令，誓師北伐，同年 11 月克復南昌後，邀請吳忠信出任總司令部顧問，其後歷任江蘇省政府委員、淞滬警察廳廳長、建設委員會委員、河北編遣委員會主任委員等職。1929 年，因國家需要建設，前往歐美考察十個月。1931 年 2 月奉派為導淮委員會委員，同月監察院成立，又任監察委員。1932 年 3 月受任為安徽省政府主席，次年 5 月辭職獲准後，轉任軍事委員會南昌行營總參議。1935 年 4 月擔任貴州省政府主席，次年 4 月因胃腸病復發加以兩廣事變，呈請辭職，奉調為蒙藏委員會委員長。自此主掌邊政八年，期間曾親赴西藏主持達賴喇嘛坐床、前往蘭州致祭成吉思汗陵，並視察寧夏、青海及新疆等邊疆各地。1944 年 9 月調任新疆省政府主席兼保安司令，對內以綏撫為主，對外應付蘇聯及三區（伊犁、塔城、阿山）革命問題，1946 年 3 月辭任後，任國民政府委員，並當選第一屆國民大會代表。

1948 年 4 月，蔣中正當選行憲後第一任中華民國總統，敦聘吳忠信為總統府資政，復於該年年底委為總統府秘書長。1949 年 1 月 21 日蔣中正引退後，吳忠信堅辭秘書長職務，僅保留資政一職。上海易手之前，吳忠信舉家遷往台灣，被推為中國國民黨中央非常委員會

委員，並任中國銀行董事、中央銀行常務理事。1953年7月起，擔任中央紀律委員會主任委員。1959年10月，吳忠信腹瀉不止，誤以為腸胃痼疾發作，未加重視。不久病情加劇，乃送至榮民總醫院，診療結果為肝硬化，醫藥罔效，於該年12月16日辭世。

二、《吳忠信日記》的史料價值

吳忠信自1926年任國民革命軍總司令部顧問時開始撰寫日記，至1959年辭世前為止，共有34年的日記。其中1937、1938年日記存藏於香港，1941年年底日軍佔領香港時未及攜出而焚毀，因而有兩年闕佚（1942.3.15《吳忠信日記》）。

《吳忠信日記》部分內容，例如《西藏紀遊》、《西藏紀要》以及《吳忠信主新日記》曾先後出版，披露其在1933年經英印入藏辦理達賴喇嘛坐床大典以及1944年出任新疆省政府主席之過程，其餘日記內容大多未經公開。現在透過民國歷史文化學社的努力，將該批日記現存部分，重新打字、校訂出版，以饗學界。這批日記的出版，足以開拓民國史研究的新視角。

（一）蔣吳情誼

蔣中正與吳忠信的情誼在日記中處處可見。除眾所周知的託其就近關照蔣緯國及姚冶誠一事外，蔣中正派任吳忠信為地方首長的背後，也有藉信賴之人，安頓地方、居間調處的考量。如吳忠信於1935年4月派為貴州省政府主席，原以江南為實力基礎的南京國民政府，得以將其力量延伸入西南，在當地推展教育與交通等基

礎建設，並透過吳忠信居間溝通協調南京與桂系關係，從日記中經常記述與桂系來人談話可見一斑。而薛岳此時以追剿為名，率中央軍進入貴州，在吳忠信與薛岳兩人通力合作之下，加強中央對貴州的掌控，為未來抗戰的後方準備奠立基礎。又如吳忠信於抗戰末期接掌新疆省務，以中央委派之姿取代盛世才為新疆省政府主席，一改「新疆王」盛世才當政時的高壓政策，採取懷柔態度，釋放羈押的漢、維人士，並派員宣撫南疆，圖使新疆親近中央，這都得是在蔣中正對吳忠信的高度信任下，才能主導的。當蔣中正於 1949 年 1 月下野，李宗仁代總統時，吳忠信居間穿梭蔣中正、李宗仁二人之間，由是可見吳忠信在二人心中的特殊地位。直至蔣中正於 1950 年 3 月 1 日「復行視事」，每個布局幾乎都有吳忠信的角色存在。

（二）蒙藏邊政

　　吳忠信長年擔任蒙藏委員會主任委員，關於邊疆問題的觀點與處置，也是《吳忠信日記》極具參考價值的部分。吳忠信掌理蒙藏委員會，恰於全面抗戰爆發前至抗戰末期，在邊政的處置上，期盼蒙、藏、維等邊疆少數民族能在日敵當前的情況下，親近中央、維持穩定。針對蒙藏，吳忠信各有安排，如將蒙古族珍視的成吉思汗陵墓遷移蘭州，以免日敵利用此一象徵的用心。對於藏政，則透過協助班禪移靈回藏（1937 年）、達賴坐床大典（1940 年 2 月）等重要活動，維護中央權威，避免西藏藉英國支持而逐漸脫離中央掌控。1940 年 5 月於拉薩設置蒙藏委員會駐藏辦事處是最成功的宣示，

力採「團結蒙古、安定西藏」的策略，穩定邊陲。吳忠信親身參與、接觸的人面廣泛，對於邊事的觀察與品評，值得讀者深思推敲。

（三）貫穿民國史的觀察

長達 34 年的《吳忠信日記》，貫穿了國民政府自北伐統一、訓政建國、抗日戰爭到國共內戰，以及政府遷台初期的幾個重要階段。透過吳忠信得以貼近觀察各階段的施政重心與處置辦法，以個人史或是生活史的角度，觀察黨政要員在這些動盪之中的處境、心境與動態。更能搭配其他同樣經歷人士的紀錄，相互佐證。

三、日記所見的個人特質

日記撰述，能見記主公私生活，從中探知其性格與思維，就日記的內容來分析，或許能得知吳忠信的個人特質。

（一）愛家重情

吳忠信的愛家與重情，有兩個層面，一是對於家族的關懷，一是對於鄉誼、政誼的看重。家人一直都是他的牽絆與記掛，他與正室王惟仁於 1906 年結婚，卻膝下無子。在惟仁的寬宏下，年四十迎娶側室湘君，1926 年初得長女馴叔，嘗到為人父的喜悅。爾後湘君又生長子申叔，使得吳家有後，但沒過多久，湘君竟因肺炎撒手人寰，年方二十五，使得吳忠信數日皆傷心欲絕，在日記中曾寫道：「自伊去後，時刻難忘。每一念及，不知所從。」（1932.12.31《吳忠信日記》）爾後吳忠信經常前往湘君墳上流連，一解思念之情。湘君故後，吳

忠信又迎娶麗君（後改名麗安），生了庸叔、光叔兩
子。不過吳忠信與麗安感情不睦，經常爭執，在日記中
多次記下此事的煩擾。吳忠信重視子女教育，抗戰勝利
後，馴叔赴美求學，嫁給同樣赴美、專攻數量經濟學的
林少宮，生下了外孫，讓吳忠信相當高興。1954 年，
或因聽聞林少宮將攜家帶眷離美赴大陸，吳忠信並不贊
成，不斷去函馴叔勸其留在美國，如果一定要離開，也
務必來台。同年 8 月 6 日，吳忠信獲悉馴叔一家已經離
開美國，不知所蹤，從此以後，日記鮮少提到這個疼愛
的女兒。這一年年末在日記的總結寫道：「最煩神是
子女問題，尤其家事真是一言難盡。」表現出心中的
苦悶。

　　吳忠信相當看重安徽同鄉，安徽從政前輩中最敬重
的要屬北京政府國務總理段祺瑞，兩人政治立場並不相
容，但鄉誼仍重。吳忠信自段祺瑞移居上海後，經常從
蘇州前往探望，段祺瑞身故時，也親往弔祭。對於同
鄉後進，無論是在政界或是學界，多所關照，願意接
見、培養或是推介，因此深為鄉里所敬重。如 1939 年
在段祺瑞女婿奚東曙的引介下，會晤出身安徽舒城的孫
立人，在當天的日記中寫道：「〔孫立人〕清華大學畢
業後，赴美國學陸軍，八一三上海抗日之後，身負重
傷，勇敢可佩。此人頭腦清楚，知識豐富，本省後起之
秀。」（1939.9.28《吳忠信日記》）頗為欣賞。或許是
命運的作弄，當 1955 年爆發郭廷亮匪諜案時，吳忠信
恰為九人調查委員會的一員，於公不能不辦，但於私仍
同情孫立人的處境，認為他「一生戎馬，功在黨國，得

此結果，內心之苦痛，可以想見，我亦不願多言，是非曲直留待歷史批評」。

吳忠信同樣在乎的還有政誼，盡力多方關照共事的同事。如羅良鑑不僅是他生活的良伴，也是與他同任安徽省政府委員的至交，兩人都在蘇州購地造園，經常往來。爾後，吳忠信主政安徽省、貴州省與蒙藏委員會時，羅良鑑都是他的左右手，離任蒙藏委員會時，更推薦羅良鑑繼任。1948 年 12 月 21 日，羅良鑑夫婦自上海前往香港，飛機失事罹難，隔年骨灰歸葬蘇州。吳忠信在蔣、李兩方居間穿梭繁忙之際，特地回到蘇州參加喪禮，深為數十年好友之失而悲痛，可看出吳忠信個人重情、真誠的一面。

（二）做人做事有志氣有宗旨

吳忠信曾經在 1939 年元旦的自勉中，自述「余以為做人做事，必有志氣，有宗旨，然後盡力以赴，始可有成。」另亦述及「自入同盟會、中華革命黨而迄于今，未敢稍渝此旨。至以處人論，則一秉真誠，不事欺飾，對於人我分際之間，亦嘗三致意焉。」這是他向來自持的。就與蔣中正的關係而論，自詡亦掌握此一原則，他在同日又記下：「余與蔣相處，民十五後可分三個階段，由十六年起至十八春出洋止，以革命黨同志精神處之；由十九年遊歐美歸國起至二十一年任安徽省主席以前止，則以朋友方式處之；由安徽主席起以至于今，則以部屬方式處之。比年服務中樞，余于本身職掌外，少所建議，于少數交遊外，少所往還，良以分際既殊，其相處之標準，不可不因之而異也。余在過去十二

年來，因持有上述之宗旨與標準，故對國事，如在滬、
在平、在皖、在黔及目前之在蒙藏委員會，均能振刷調
整，略有建樹，絲毫未之貽誤；對友人如過去之與蔣，
雖交誼深厚，然他人則與之誤會叢生，而余仍能保持此
種良好關係，感情日有增進，而毫無芥蒂。……即無論
國家之情勢若何，當一本過去，對國竭其忠、對友竭其
力，如此而已。概括言之：即「救國」、「助友」兩大
方針是也。」

由此可知，在吳忠信待人之原則，必先確認兩人之
關係，進而以身分為斷，調整相待之禮。他長時間服務
公職，練就出一套為公不私的原則，經常在日記中自記
用人、薦人之大公無私，此亦為其「救國」、「助友」
之顯現，常以「天理、國法、人情」與來者共勉。

四、結語

吳忠信於公歷任軍政要職，於私是家族中的支柱。
公私奔忙之餘，園藝之樂，或許才是他的最愛。他常在
一手規劃的蘇州庭園裡，親自修剪、坌土，手植的紫
藤、楓樹、柳樹、紅梅、白梅等在園中，隨著季節的
變化而映放姿彩，園林美景是他內心的慰藉。吳忠信
1949年回蘇州參加羅良鑑夫婦葬禮後，短暫地回到自
宅園林，感嘆地寫道：「園中紅梅業已開散，白梅尚在
開放，香味怡人。果能時局平定，余能常住此園以養殘
年，余願足矣。」（1949.2.21《吳忠信日記》）可惜，
這是他最後一次回到蘇州，之後再無重返機會，願與
天違。

　　這份與民國史事有補闕作用的《吳忠信日記》並非
全出於其個人手筆，部分內容為下屬或親屬經其口述謄
寫而成。1940 年，他就提到：「余自入藏以來，身體
時常不適，且事務紛繁，日記不時中斷，故託纕蘅兄代
記，國書姪代繕。」（1940.1.23《吳忠信日記》）且在
記述中，也有於當日日記之末，囑咐某一段落應增添某
公文，或是某電文的文字，或可見其在撰述日記之時，
便有日後公諸於世的預想。或許是如此，吳忠信在撰寫
日記時，不乏為自己的行動辯白，或是對他人、事件之
品評有所保留的情況，此或許是利用此份日記時須加以
留意的地方。

編輯凡例

一、 本社出版吳忠信日記，起自 1926 年，終至 1959
　　 年，共 34 年。其中 1926 年日記為當年簡記，兼
　　 錄 1951 年補述版本；1937 年至 1938 年於太平洋
　　 戰爭爆發後，其家人逃離香港時焚毀，僅有補述
　　 版本。

二、 古字、罕用字、簡字、通同字，在不影響文意
　　 下，改以現行字標示。

三、 日記中原留空白部分，以□表示；難以辨識字
　　 體，以■表示。編註以【 】標示。

四、 作者於書寫時，人名、地名、譯名多有使用同音
　　 異字、近音字，落筆敘事，更可能有魯魚亥豕之
　　 失，為存其真，恕不一一標註、修改。但有少數
　　 人名不屬此類，為當事人改名者，如麗君改名麗
　　 安、曾小魯改名曾少魯等情形，特此說明。

目錄

1957 年

1957 年（民國 46 年）　74 歲

1月1日　星期二

一、陰雨將一個月，今晨忽然天氣晴朗，陽光普照，帶來大地回春景象。

二、上午九時到台北賓館參加本黨四十六年元旦團拜，計到中央評議委員、中央委員及黨部全體工作同志。推于右任老同志主席，並致詞。其中有林覺民先烈致其夫人絕命書「吾至愛汝，即此愛汝一念，使吾勇于致死也」，又云「仁者，老吾老以及人之老，幼吾幼以及人之幼，吾充吾愛汝之心助天下人愛其所愛，所以敢先汝死，不顧汝也」，這是我們開國精神。于先生又說國父革命精神可分兩點：（1）要大公無私和團結奮鬥；（2）要堅定必勝必成信念云云。

三、上午十時到中山堂參加中華民國四十六年開國紀念典禮及團拜儀式，計到文武官員兩千餘人。蔣總統領導行禮，並宣讀元旦告全國軍民同胞書。其重點是各人應竭盡責任，把握內外反共形勢，主動反攻，決不負大陸同胞期望。共匪是漢奸國賊，終必將澈底消滅，所謂「國共合作」，這是無恥詐術。我反攻早晚與行動緩急僅是時間問題，今年將是反共形勢轉捩時期云云。歷二十分鐘讀畢，典禮在高呼總統萬歲中奏樂禮成。

四、今年元旦最使人痛快的事，是團拜後彼此不再往返拜年，並由陳副總統及我等發啟簡化拜年公約。茲

將發啟公約經過一則黏于後。

陳副總統俞院長等　倡導簡化拜年
簽訂「簡化拜年公約」　希望各方面聞風響應
本報訊

　　自內政部公告簡化拜年辦法以後，各方均極重視，陳副總統及各界人士張岳軍、俞鴻鈞、張道藩、張厲生、洪蘭友等先生，為使政府法令得以貫徹，社會風氣得以養成，特於四十五年除夕，簽訂「簡化拜年公約」一種，以期各方聞風響應，茲誌「簡化拜年公約」如次：

　　茲因鑑於以往每值歲首，陽曆陰曆，兩度拜年，賀卡疊投，臨拜重複，事既流於浪費，禮更趨於虛浮。為革除繁縟，崇尚簡實，使事皆易行，禮無偏廢，特遵照政府倡導之原則，擬議簡化拜年公約，公諸報端，願與各方贊同之人士共相循守。

（一）國曆元旦，服公務者，一律參加所屬機關團體之團拜（一人而隸屬數機關團體者，以僅參加其本職所屬之一處為原則），私人間不再往返拜年。

（二）親友間如國曆新年已互寄賀年卡者，春節時即不再重複寄卡。（基督教友循其教俗，於耶穌聖誕節寄卡慶祝，兼賀新年者準此）

（三）農曆春節，機關之長官與部屬以及年輩相當之友朋，均不往返拜賀。

（四）不照上述規定而仍拜賀者，對方不還拜，不為失禮。

陳　誠　　張　羣　　俞鴻鈞　　張道藩　　吳忠信　　張厲生
蔣經國　　蔣夢麟　　黃少谷　　王雲五　　梁上棟　　周至柔
謝冠生　　王世杰　　洪蘭友　　嚴家淦　　谷正綱　　羅家倫
張其昀　　袁守謙　　陶希聖　　陳雪屏　　周宏濤　　鄭彥棻
郭寄嶠　　陳慶瑜　　黃季陸　　田烔錦　　鄧傳楷　　鄭介民
唐　縱　　崔書琴　　張炎元　　上官業佑　　郭澄　　曾虛白
郭　驥　　錢劍秋　　馬星野

1 月 2 日　星期三

去年的回顧今年的展望

一、日本與俄國復交，日獲入聯合國。

二、大陸共匪武力恫嚇失敗，轉而濫發和謠，和謠自
　　討沒趣，可能重施恫嚇。

三、東南亞區中間路線發展已到止境，反共的勢力可
　　能漸趨抬頭。

四、中東緊張，巴格達公約地位重要，爭取美國參加
　　以擴大勢力。

五、蘇伊士一場兵爭已過，問題仍未解決。美、俄對
　　阿拉伯國家爭取，決定中東安危。

六、東歐匈牙利等國的反抗，動搖整個鐵幕，蘇俄對
　　附庸國的控制更困難。

七、鐵幕抗暴怒潮對蘇俄打擊甚大。蘇俄內憂深、內
　　鬨急，對外軟硬兼施。

八、英、法進兵運河，徒勞無功，聲望地位下降，可
　　能轉而求與西歐各國加強聯繫。

九、美國過去與現在政策，維持世界現狀，不容俄共

再越雷池一步，也不支持反共國家反攻，可能世局將仍陷僵持。

1月3日　星期四

一、新年來國際間兩個較重要新聞。

美國宣佈以武力保衛中東，並指出共黨處境日趨惡劣。

蘇俄頭子赫魯雪夫自打嘴巴，又自認是史達林主義者，暗對西方將更強硬，並反對狄托主義。史達林再從廁所撈出而復辟，不但不是靈驗，必定更加失敗。

二、自昨日起，精神頗為不振，甚感疲勞，飲食大減，請朱仰高醫師診治。

1月4日　星期五

【無記載】

1月5日　星期六

美國白雪溜冰團于本晚六時，在三軍球場作獻給蔣總統及夫人觀賞特別演出，表示敬意。中央黨、政、軍高級人員應約陪觀，贈我兩張票位，我約龔理珂兄同往。該團每一團員特別賣力，節目愈顯精彩，一共廿四個節目，至八時演畢。團員來自世界各國，有德、法、丹麥、瑞典、比利時、日本、英、美、荷蘭、瑞士等國人，他們自由藝術工作者，足跡走遍天下，凡欣賞過人，無不讚美者。

1 月 6 日　星期日
【無記載】

1 月 7 日　星期一
一、上午九時至中山堂出席一月份聯合總理紀念週。

二、前監察院副院長劉哲（敬與）逝世三週年，本日上午在社會服務處舉行紀念儀式，余往致祭。

1 月 8 日　星期二
【無記載】

1 月 9 日　星期三
一、安徽同鄉（懷甯人）馬老先生伯瑤于一月七日上午十時卅分逝世，享壽八十四歲，本日上午十時大殮，下午三時出殯。我于上午九時前往致祭，昨日並到馬府慰問。

二、上午十時參加中央第三二八次常務會議，總裁主席。第二組葉副主任翔之報告「半年來大陸工作情況」。其結論，本年工作擬由靜轉動，又婦女工作會錢主任劍秋報告「本黨目前婦女工作的情況及今後工作方針」。

1 月 10 日　星期四
今日監察院陳委員雄夫兄七十大慶，在實踐堂設壽堂，余偕洪蘭友兄于上午十前往慶賀。雄夫兄與余素有交誼。

1月11日　星期五

惟仁老太太看蔣老太太

　　惟仁老太太于去年農曆正月初二日到桃園為蔣老太太拜年後，復發重風，因此未能遠行。但蔣老太太于過去一年間，以有病之身，數次由桃園來台北看惟仁老太太病。兩位老太太雖係四十多年老友，然為情感與禮貌計，惟仁老太太必須到桃園回看蔣老太太。適逢惟老太太近日血壓較為穩定，而精神亦較前轉好，又值天氣晴朗，日麗風和，所以特于上午，余陪同惟仁老太太赴桃園。兩位老太見面非常歡慰，並在蔣府午餐後始返回台北。

　　余順便在桃園參觀大秦紗廠，該廠董事長石鳳翔先生說明該廠經營情形。該廠有三萬錠子，很有規模，乃是石先生獨資經營者。

1月12日　星期六

　　陳副總統與行政院長俞院長鴻鈞係同年同月同日生，今日（十二）他兩位六十華誕。我于上午分別前往慶賀，均無壽堂設備，陳家只留賀客名片，俞家備有賀客簽名冊，這真是轉移風氣改良的作風。晚間陳副總統夫婦在寓所招待蔣總統夫婦晚餐，約閻錫山、王寵惠、何應欽、莫德惠及我等四十餘人作陪，餐後攝影。自七時至起九時四十分，盡歡而散。

1月13日　星期日

　　【無記載】

1 月 14 日　星期一

一、上午九時到實踐堂出席總理紀念週，張秘書長屬
　　生報告，題為「心理建設與思想領導」。

二、中午十二時卅分參加蔣總統夫婦在「婦女之家」
　　款待中央評議委員、中央婦女工作委員會委員及
　　政府首長約百餘人。餐會中蔣總統首先對年屆六
　　十、七十的黨國元老致賀，並對婦女之家成立一
　　週年工作成就表示慰勉，一片祥瑞之氣。席終後
　　攝影，時已下午二時矣。

1 月 15 日　星期二

一、章嘉大師于昨年十月卅一日赴日本就醫，經日本
　　專家診治，確係腸癌，雖施用手術，無法根治。
　　大師于今晨飛返台北，余偕洪蘭友、張壽賢兩兄往
　　大師寓所慰問。見其形容清瘦，體氣大不如前，
　　聞癌已蔓延，前途未可樂觀。

二、今日農曆十二月十五日，係陳英先生八十歲冥壽。
　　陳老太太及公子惠夫在善導寺為英士先生頌經，我
　　偕蘭友、壽賢前往敬禮。

三、訪顧墨三（祝同）兄。我深知顧的本性是一個忠
　　厚和平者，我對顧曰我有兩句古對聯：「忠厚留
　　有餘地步，和平養無限天機」，可以代表你生平
　　做人、做事成就的結論。顧認為非常準確，非常歡
　　喜，誠懇接受，當即託錢大鈞兄書聯，作座右銘。

1月16日　星期三

上午十時參加中央常務會議第三三○次會。聽取第一組唐縱主任報告各種黨部四十四年度工作績效綜合檢查結果，頗有內容。

1月17日　星期四

美總統艾森豪于十五日向國會提出新預算，總數為七百十八億美元，強調世界和平不斷受到威脅，必須加強防務，維護集體安全。其中美軍費法案創平時紀錄，計三百八十億美元，內飛彈費將突破廿億元大關，並繼續擴充核子軍火庫。至援外新預算四十四億美元，其重點仍在亞洲中東。美國在過去如注意中東，或不致有蘇伊士運河事件發生，英、法更不會對埃及發生戰事，此時能注意亞洲中東，亡羊補牢，未為之晚。

1月18日　星期五

一、今晨陪惟仁老太太到朱仰高醫師處量血壓，計高血壓二百度，低血壓八十度。因老太太這幾天又不舒適，其精神雖然尚好，仍恐血壓繼長增高，故繼續服藥打針。

二、今晨在朱仰高處遇見陳方（芷町）先生。他因久病頗現衰象，行動不甚靈活，生活亦甚艱苦。據云他的公子在美國工作，全靠他接濟若干。

1月19日　星期六

【無記載】

1月20日　星期日

一、朱太太今日飛香港，余于晨八時到機場送行。朱
　　與光甫兄同居已二、三十年矣。

二、新疆省政府委員沙意提先生于十三日晨患心臟病
　　數小時逝世。沙是伊寧維吾爾族，現年三十七
　　歲，正是青年有為之時。如此結果，殊為可惜。

1月21日　星期一

　　今日分訪章嘉大師及堯樂博士（新疆省政府主
席）。他們二位都是在邊疆名望崇高者，都是久病，步
履維艱。

1月22日　星期二

一、劉慕曾先生于廿一晨病逝，享年五十有四歲，我
　　于本日上午十時偕張壽賢兄往極樂殯儀館弔唁。
　　劉氏係湖南湘潭縣人，在軍政界服務多年，係陳
　　副總統重要幹部之一。

二、舊曆年關將屆，銀根奇緊，市面蕭條，而公教人
　　員無購買力，其生活困苦，所在皆是。我政府現
　　在與將來，其關係在財政經濟。

1月23日　星期三

　　【無記載】

1月24日　星期四

　　本省耆宿黃純青老先生于去年十二月十七日病逝，

享壽八十二歲。今日上午在南開商校開弔，我于上午九
時偕張壽賢兄前往弔祭，各方往弔者約二千人。黃氏子
孫滿堂，真可謂福壽全歸。

1月25日　星期五

一、午後三時主持紀律委員會第五十四次會議，討論
　　例案數件。

二、今日午後請中央黨部醫務室檢查血壓，高的一百
　　二十，低的六十。

1月26日　星期六

　　【無記載】

1月27日　星期日

歡迎我省反共義士

　　由安徽國民大會代表、立法委員、監察委員發啟，
于一月廿七日在衡陽路一○二號歡迎來台反共義士。一
共九人，計有秦振亞（宿縣）、陶芝堂（鳳台）、汪一
人（鳳台縣）、陳月明（霍邱縣）、許寶元（泗縣）、
耿忠賢（泗縣）、劉庭舉（蒙城縣）、戴淮宣（懷遠
縣）、何慎勤（泗縣），推我主席。我首先致詞，大意
是我們國大代、立、監委都是由安徽同胞選舉出來，今
在此與九位義士見面，正如看見了我全皖的三千同胞，
心裡非常高興。各位義士經過許多困難與危險，來到自
由祖國懷抱，我們表示萬分歡迎。我們大家先舉杯茶恭
祝各位義士健康，並贈各義士慰勞金，其數雖微，聊表

我們熱誠心意而已。繼由義士發言，據云與他們同時突圍有卅六人，突出抵香港僅二十三人，其餘十三人有被當場擊斃者，有被捕去者。至突出二十三人中，現在有九人先到祖國了。據義士劉庭舉云，他一家十口人被清算，處死九人，僅餘他一人。據義士何慎勤云，他兄弟三人，被清算二人，而老父七十三歲亦被清算了。根據義士報告，大陸被匪殺害無法計算，而虎口餘生者饑寒交迫，日在恐怖之中，過的牛馬不如生活，真是呼天無路，入地無門，其慘痛非筆可墨可以形容者。他們又說，在坐諸公回去，所認識老友多不在人間了。因時間關係，不及延長談話，至五時散會，攝影以留紀念。

1 月 28 日　星期一

本日上午九時在實踐堂舉行總理紀念週，推我主席。由何應欽兄報告，題為「發展體育運動與觀光事業」。何氏去年七月赴歐州出席道德重整會議，旅程所及經過十八個國家。每到一國，見他們體格健康，國民精神旺盛，歸功于體育運動與觀光事業之重視。法國、瑞士遊客雲集，是國家預算上一項重大收入。全文甚長，從略。

1 月 29 日　星期二

接見徐晴嵐七位同志

中央直屬區黨部來函如下：

禮公同志賜鑒：

年殘臘鼓，歲轉春回。恭維勛重群倫，黨國望重，

劭德高風，同增仰慕。頃遵奉中央指示，特推派本區黨部常務委員徐晴嵐，暨羅才榮、郭驥、屠義方、吳延祺、馬紹周、劉存忠等七同志，本月廿九日上午造府拜謁崇階，藉申敬意，並候起居。敬祈延見，不吝指教為禱。

今日（廿九）上午十時，徐晴嵐七位同志到余寓所，表示敬老與慰問之意。我說話大意是：

（1）黨國對我太厚，我無以為報，很慚愧。

（2）勉勵七位同志，你們身體好，有學問，是本黨承先啟後人物。

（3）無論辦什麼事，往往遇到困難，要能克復困難，就可達到光明。如辦事知道有錯誤，必須從速改正。如始終不不知錯誤，或知道錯誤不改正，則誤事大矣。

（4）一個人須不斷讀書，三字經云「人不學，不如物」，宋人亦云「人不學，變衰老」，都是重在一個學字云云。

1月30日　星期三
重申前約農曆春節不往返拜年

吾人為試行簡化拜年，曾發啟訂立公約，互相遵守，期能革除繁文縟節。此次公約于國曆元旦深荷各方贊許，共同循守，頗收成效。茲以農曆新年（春節）已屆，用特重申前約（該約計四項，載國曆元旦日記中），照公約第（三）項農曆新年，均不往返拜年。又公約第（四）項訂明不照上項規定而仍拜賀者，對方不

回拜不為失禮。

1 月 31 日　星期四　丁酉年元旦

一、自除夕至歲朝，爆竹之聲不絕于耳，且較往年為
　　多。似此情形，證明財富在民，更可證明中央政
　　府遷台，對人民生活大大改善。

二、不拜年曾訂公約，此項公約已獲相當效果，但專
　　拜年長不背公約者仍大有人在。這是一種禮貌，也
　　是一種人情味，亦惟有復寄名片以示謝步之意耳。

2月1日　星期五

一、今天日麗風和，氣象萬千，為台北最稀有的佳日。
大街小巷，人山人海，紅男綠女（都是新衣、新皮
鞋，不拖木履），歡度春節。

二、昨、今兩日先後到我家拜年仍有二百多人。我既簽
約不往返拜年，但必須親往拜年，在台北有同鄉
長老許世英（八十三歲）、陳銳夫兩先生，及老同
志于右任先生及陳英士（其美）夫人四人而已，這
是禮貌上必須如此者。

2月2日　星期六

今天上午是春節首次到紀律委員會辦公，各同志見
面都很愉快，恭喜、恭喜。尤以張秘書長、周副秘書長
等親到我辦公室慶賀新春，甚為感激。

2月3日　星期日

上午九時偕麗安遊覽木柵指南宮，又名仙公廟，氣
派雄偉，建築堂皇，供奉神是八仙中呂洞賓，在農曆
正、二月四方來參拜多至數十萬人。登臨指南宮，可看
到台北的全景。

2月4日　星期一

一、今日係「立春」，又係「農民節」。中國以農立
國，重視此日，古語「一年之際在于春」。最巧者
今日陰曆正月初五日，社會素來稱此日為「財神」
日，所有商人迎財神後開門營業。因有上三項節

目，爆竹連天度此佳日。

二、上午九時到中山堂出席總理紀念週，立法院張院
　　長道藩報告。

2月5日　星期二

　　考試委員張默君先生以其收藏數十年之古玉五十件
贈予國立歷史文物美術館，于本日（五）中午十二時半
行贈送典禮，教育部張部長其昀約我與陳副總統百餘人
觀禮。據聞此等古玉價值五十萬美元。至價值如何，暫
可勿論，但張默君先生此種化私為公的精神與轉移風氣
的作用，豈玉價可以比擬者。默君令尊張通典（伯純）
當辛亥革命時，在蘇州與羅良鑑（佶子）、章駕時（笛
秋）協助程德全（雪樓）宣告獨立後，即在蘇州創辦大
漢日報。默君先生係伯純先生女公子，與先烈邵元冲
（翼如）先生結為夫婦良緣。伯純、元冲兩先生文字造
□甚深，默君亦以文字甚長者，可謂家學淵源矣。我與
元冲既有交誼，而亦知伯純之為人者，尤其是伯純、元
冲均係我先後革命同志，回想當年，感慨良多。默君告
我，他自元冲去世後，不幸愛子亦不在人間，現在只有
尚患腿疾幼孫。言下甚為悽慘。

2月6日　星期三

　　上午十時參加中央三三四次常務會議，總裁主席，
討論「中央委員會四十五度上半年度工作檢討結論」。
總裁有下列指示：
一、檢討：應首先檢討缺點，再檢討成果，再檢討改進。

二、考核：就是考核預定工作，著重已做、正在做、尚未做（說明未做原因）。

三、考核幹部標準：有無領導能力、有無組織能力。訓練幹部亦是訓練他領導能力。

四、黨是動的，巡查幹部活動力量夠不夠，與活動次數、活動方法。

五、各種宣傳品如小冊等，各黨員讀後要有反應。

六、工作計劃與進行要有重點與中心。

七、美國人做事重在管制與科學方法，至管制最重要是中心。

八、黨員獎勵與處分，每月或半年將姓名公佈。

九、應注意三件事，匪情資料、社會調查，以及有關新聞輿論。

十、報紙及匪情報告等等高級幹部必須知道，但時間不空，不及閱看，可派專人宣讀，自己旁聽。

十一、紀念週要作專題報告，高級人員要參加。如有專題，亦可另定時間報告。

十二、調查貧病同志，予以補助。

弔侯家源先生

本日（六）上午九時到極樂殯儀館弔侯家源先生喪。侯現任台省交通處長，于本月二日晨患心臟病逝世，享壽六十二歲，江蘇吳縣人。侯係交通大學畢業後留學美國，習鐵路工程，回國後，曾于抗日戰爭發揮很大貢獻，任台灣交通處長建樹尤多。自由中國人士聞侯氏去世，同聲震悼。我與侯氏素有往來，感情甚佳，

由侯氏諸親友發啟組織治喪委員會，我亦是委員之一
人也。

2月7日　星期四
【無記載】

2月8日　星期五
文叔侄來信

　　我自來台後，未與大陸任何人往來書信，料想不
到，今日忽收到文叔致惟仁老太太一函。茲將原函錄
後。函中有替共匪宣傳，恐不如此，不能發出此函。

五媽：

　　自從你老遷居台灣，已經七年多，想來你老人家一
定還像以前那樣康健。計算起來，申弟已經大學畢業，
庸、光兩弟也進大、中學了。大約在五年多以前，我曾
收馴叔妹從美國寄來一張喜帖，很高興地得知他就要
和同學結婚了，但以後未再來信，不知他從意里諾斯大
學研究期滿之後，是從事什麼工作。我希望知道他的地
點，以便和他通信。

　　幾年來我一直在銀行裡工作，還是在五年多以前，
總行調我至長沙銀行服務，以眉和兩個孩子都同時遷至
長沙居住。以眉現在長沙當教師，阿保年滿十歲，已經
讀小學四年級了，小弟也已經進了小學，孩子們都長
得很活潑、很健康。我們一切都好，每月有乙伯多元收
入，加上東西不貴，生活過得很舒適。我想你老人家聽
了這些，一定是很高興的。

　　親友們都很好，道叔哥早就轉業，他現在合肥公路運輸部門工作，道叔嫂亦在合肥杏花村小學教書。和衷二哥仍任小學教師，他的孩子都很好，大孩子郁文在銀行服務，兩個小的孩子已考進大學和專業學校。和濟、和仁兩兄均在鄉下從事農業生產，和俊也在合肥任教師。天植是在蚌埠做事，他的大孩振楚是在鐵道部門做事，小的孩子已考進石油學院。仁叔祖仍居住南京，俊民是在郵電局裡工作，俊培也已做事了。方大哥原在常州銀行裡工作，惟已很久沒有和他通信。在上海時曾與兆麟叔見過面，他那時是在中等專業學校裡當語文教師，不知他最近可有信給寄給阿姨。前據和俊說，周承超是在合肥黃麓師範任教員，承錚亦好，請便告周彥龍先生一聲，勿念。信已寫得很長了，餘容續陳。敬祝康安，並問闔家安吉。

　　復示請寄長沙上沙上營盤街新生里一號。

　　　　　　　　　　侄文叔、以眉敬上　五六、十二、卅

　　這封信四十六年二月八日收到，擬不作復信。

2月9日　星期六

　　上午十時出席總統府月會，新審計部長蔡屏藩、駐土爾其大使邵毓麟于月會中舉行宣誓就職典禮。蔣總統親臨主持，並對蔡、邵兩君致詞訓勉後，繼續對于軍公教人員生活與待遇問題有所說明。大意是吾人目前最大任務為反攻復國，一切為反攻，一切為復國。軍公教人員生活無時不在關念計劃籌整中，公教人員生活固屬困難，軍人生活更加困難。以台灣人民力量，不能再增

軍公教人員負坦。總統又闡釋民主自由真諦，大意是吾
人遵憲法軌道發揚民主，循法律範圍維護自由，以國家
民族之生存為民主自由之基礎。當以在大陸時期民主同
盟等共匪外衛做警誡，斷不可以曲解為能事，免蹈當年
「民主同盟」等為共匪張目之覆轍，結果其自身亦徒為
共匪之奴役而已。我們在台灣現行民主，切合反共抗俄
民主。

2 月 10 日　星期日

一、昨日周彥龍接到申叔來函，說他作畫情形，並寄
　　他近作拜年片。果真繼續作畫，尚可差強人意也。

二、台北市第三屆省議員候選舉，本黨黨內提名選舉，
　　我于上午九時至和平東路二段十五號投票。

2 月 11 日　星期一

一、上午十時到陽明山革命實踐研究院，參加總理紀
　　念週暨黨政軍幹部聯合作戰班第九期研究員開學
　　典禮，總裁親臨主持並訓話。

二、午後五時至朱驪先家中出席小組會。

2 月 12 日　星期二

　　近數日氣溫轉冷，而不時落雨。昨日最高溫度攝氏
九度，最低六度，今日最高溫度十度，最低五度，很多
山地落雪。

2月13日　星期三

一、上午十時參加中央三三六次會議，總裁主席。首
　先由唐主任報告知識青年黨部活動情形，以師範
　大學黨務辦最好，其次成功大學，最不好是台灣大
　學。討論關于出版法修正問題，各委員發表意見很
　多，原則通過，交政策委員研究，再由行政院提立
　法院。

二、麗安牙齒素來有病，影響身體。周家肇牙醫師主
　張根本治療，全部拔去；廖清水醫師主張病齒可補
　則補之，不可補則去之；周少吾主張將病牙一律
　拔去。三位牙醫見地各有不同，周家肇主張太積
　極，廖醫太消極，以周少吾較折中，所以請少吾醫
　治，大約二千元可矣。昨、今兩日拔去病牙六個。

2月14日　星期四

許崇智（汝為）給我一封信

　　許汝為兄大世兄澤之由港來台，于一月十七日在善
導寺與我見面，並面交伊父汝為先生給我的信，原文
如後。

禮卿吾兄同志：

　　香江一別，經已數載，渴念非常，料必近來叶吉納
福，為我祝頌也。現今國際風雲似緊，國家前途大為擔
憂，我年雖老，但憂國之心不敢後人。我兄可否最近期
間再來一遊，如何之意，希望示知為荷。謹此敬請春
祺，並祝健康。

　　　　　　　　　　　　　　弟許崇智敬啟　一月十二日

另附總理手教，請查收以作紀念。

汝為兄鑒：

敗時我責兄之重，則知勝時我愛兄之深也。此次轉敗為勝全賴之神勇，而追擊又在各軍之先，我之喜慰，何可言喻。乃兄忽而引去，殊令我無所措手足。茲特派古湘芹、宋子文追往港滬，代我挽駕，務望即日言旋，同肩大任。況粵局非兄，莫能收拾，而革命事業非粵，無由策源。故兄之職責自非一時一地之關係，實國家百年大計之所賴也，必當勞怨不辭，毅力奮鬥，至盼、至盼。

孫文　十一月廿二日

總理致許函係總理親筆，當時總理之環境，與時汝為之苦心，可以想知。

我得汝為這封信，本擬面交蔣總統一閱，只因總統事冗，乃于二月五日將此信交經國世兄，於總統閒暇時面呈總統一閱。我並說明我不去香港。以現在之事實，回憶當時總理致許先生這封信，對許先生的認識，似有錯誤。又向經國云許先生來信，是否需要接濟之意。經國云曾經接濟過一萬美金。至二月十一日經國轉總統話，暫勿回信云云。

我于一月廿日在飛機場遇劉世德君，他說是劉侯武兒子。據云他在香港看見許汝為先生，許生活情況不佳。世德又說已與于右老談過。我對于世德出身不清楚，隔日訪右老。據右老云世德是他姪女婿。右老批評汝為，雖沒有為，而有守。

2月15日　星期五
【無記載】

2月16日　星期六

陳銳夫第四公子運文與劉兆璸次女公子秉青在靜心樂園中正堂，于下午五時半舉行接婚典禮，請我證婚。銳夫（號興支）、兆璸（號毅仁）都是合肥同鄉。陳先生年七十五歲，年高德劭，教子有方，陳公子品學俱優。劉先生習土木工程，一向在教育界服務，劉小姐才德並茂。陳、劉兩家門當戶對，兩位同鄉青年結成夫婦，真是美滿姻緣。

2月17日　星期日
【無記載】

2月18日　星期一

上午九時到實踐堂參加總理紀念週，中央黨部副秘書長黃啟瑞報告考察紐約、巴黎市政情形。

2月19日　星期二
【無記載】

2月20日　星期三
一、故友居覺生先生夫人逝世一週年，在善導寺誦經，
　　余與張壽賢兄前往敬禮。
二、上午十時參加中央常務會議，討論台北市第三屆

市長選舉，通過本黨提名黃啟瑞同志為市長候選人。黃同志現任中央本黨副秘長，曾任台北市教育長、民政局長等職。

2 月 21 日　星期四

一、上午十二時三十分劉文騰兄招待午餐。劉現任申一紗廠總經理。

二、上午十一時高雄市長謝掙強同志與林嘯谷（筱閣）來見。謝氏遵中央指示，不競選下次高雄市長，擬在其他方面謀工作。

三、午後四時蔣老太太來拜年，據云緯國世兄昨日赴日本，擬明日在日本與邱小姐舉行結婚典禮。

2 月 22 日　星期五

一、午後三時主持紀律委員會第五十五次會議。

二、上午十一時中國銀行總經理陳長桐兄來訪，告余昨日中國銀行理監事會議決議「常務董事莫德惠先生函請辭去本行常務董事職務，通過。」「經出席本屆董事會議，票選吳忠信先生為本行常務董事。」

三、上午十時請朱仰高醫師量血壓，高的一百三十，低六十五，心臟很好。他仍主張每日服維他命以，與多種維他命各一粒，每隔兩月或三月注射一次賀爾蒙。

2月23日　星期六

【無記載】

2月24日　星期日

一、新任駐土耳其大使邵毓麟同志多次過訪，未及接談，今晨冒雨到新店邵宅回拜。談及新疆回胞現在流落土爾其二千餘人問題，其中有艾沙、伊敏等要求中央允許新疆獨立事件，計談話一小時。其結論，應根據四個原則與艾等談話：（1）三民主義；（2）憲法；（3）歷史；（4）蔣總統對回愛護。

二、昨晨（廿三）黎明前四時許，全省發生三級至五級以上顯著地震，因震央發生在東岸海裡，故未釀成巨災。台北市四級地震，初期微動，繼續十八秒，民眾多被驚醒，紛紛走避。花蓮震歷一小時半，橫斷公路隧道震塌，蘇花公路中斷。

2月25日　星期一

【無記載】

2月26日　星期二

一、彥龍老弟日前辦公下班，乘公共汽車回家，因下車失足，跌入街溝，傷右腿骨，不能行走。經送診治，須有相當休養方可痊愈。

二、章嘉大師原患胃癌，近又復生，已進台大醫院治療。我特于午後前往慰問，觀其病況甚痛苦，勢將不起。

2 月 27 日　星期三

一、上午十時參加中央第三四〇次會議,討論下列各
　　案:(1)決議中央委員會副秘書長黃啟瑞為本黨
　　台北市市長候選人;(2)中央委員會組織大綱修
　　改草案(增加秘書處主任一人)及對中央八中全會
　　提案一種;(3)決定反共救國會議未開之前,先
　　與各方交換意見,並向八中全會提出報告(三月四
　　日召開八中全會)。

二、下午三時出席中央銀行理監事聯席會議,討論中
　　央銀行法草案修改意見等案。俞總裁說本屆理監
　　事任期已滿,本人已向總統辭職,此次理監事聯
　　席會議,乃是最後一次會議,在過去三年深感各
　　位理監事之幫助云云。言下大有告別之意存焉。

2 月 28 日　星期四

　　惟仁老太太近數日精神雖好,飲食亦增加,但血壓
不能穩定。昨日午後請附近曾醫檢查,高血壓一百九
十八,低八十。今日(廿八)上午十時半請朱醫檢查,
高一百九十五,低八十,朱並主張用巫建章贈送德國
針。至十一時半再請曾醫檢查,高血壓一百七十。為何
在一小時之間相差如許之多。

3月1日　星期五

上午到木柵回看趙恆惕（夷午）、鍾伯毅（槐村）兩位老先生。兩位都湖南人，趙年七十八歲，鍾年七十四歲。

3月2日　星期六

一、江元仁兄明日赴香港，託其在港代買治高血壓德國藥品，以備為惟仁夫人隨時應用。

二、我國駐法國大館使代辦大使陳雄飛先生來函說，申叔現欠旅館賬，已由大使館先墊借八萬佛朗云云。原函另抄。這是申叔最失體面一件事，我是絕不以為然。

三、財政部徐部長、經濟部江部長、台灣銀行張董事長，本晚假中山堂約我們參觀放映「中華民國參加泰國國際商品展覽會特輯」電影，及我國參加泰國展藝術演出團舞蹈表演。

3月3日至3月11日　星期日至一

從三月三日起至十一日止參加兩件重要工作：一、參加本黨第七屆中央委員會第八次全體會議；二、料理章嘉呼圖克圖圓寂事宜。現將此兩事簡單記錄于後。

第七屆中央委員會第八次全體會議

全體會議在市外陽明山舉行，自三月四日起歷時四日，于七日下午四時閉幕。全會決議有：

一、本黨第八次全國代表大會，原則上應于本年內召

開，其召開日期由中央常務委員會決定之。

二、大陸情勢檢討與反共復國團結奮鬥方案。

三、中央委員會組織大綱修正草案（增加秘書處主任
　　一人）。

四、改進當前財政、經濟措施案。

五、台灣建設計劃基本方案及進行程序案。

六、擬請從政同志研擬分層負責制度，以提高行政效
　　率案。

七、總裁在開幕典禮中訓示之決議文案。

八、其他尚有黨務、軍事、外交報告，以及五院從政
　　同志報告等的決議文案。

　　總裁兩次在全會致詞約三小時之久，其中有：

（1）反攻客觀條件具備，主觀條件不夠。

（2）匪幫「和謠」是匪幫窮途末路。

（3）士風不端，不能反攻。

（4）財政現況，本年內不能增加公教人待遇。

（5）民主即是法治，自由即是自治。

　　茲將中央日報發表全會文件一則黏于後。

　　此次八中全會歷時四天，計舉行七次大會，會中曾
聽取中央委員會及在政府從政主管黨員的各種工作報
告，全會對以上各項報告，皆經分別提出檢討，並作成
決議。

　　在全會通過的重要議案中，有「大陸情勢的檢討與
反共復國奮鬥的方向」案，明白指出今天大陸四億五千
萬反共革命的民眾與臺灣基地一千萬軍民同胞及海外各

地一千四百餘萬僑胞所一致追求的反共復國的目標是：

一、打倒俄帝傀儡共匪賣國政權，恢復主權的獨立與領
土的完整。

二、摧毀共匪的階級專政，保障全民的平等自由，貫澈
民主憲政的實施。

三、取消共匪關于經濟、社會、文化、宗教、家庭以及
對各少數民族的一切俄帝式的奴役措施，重建自由
幸福的生活。

為達成以上海內外全體同胞共同一致的目標，特建
議政府採取團結奮鬥的步驟如次：

一、團結國內各反共非共的政黨、社團與社會人士，以
並肩作戰的精神，和衷共濟，求反共抗俄的勝利與
成功。

二、擴大海外各地的反共救國組織，團結所有愛國僑
胞，互助互諒，緊密合作，一致參加反共抗俄的實
際工作。

三、團結大陸反共革命的民眾，並號召共匪黨政軍各級
幹部與附匪黨派，奮起自救，反正起義，建立大陸
地區的反共革命組織，共同為反共抗俄而努力。

全會並曾通過「改進當前財政經濟措施」一案，對
當前貿易、金融、稅制與稅務行政之改進，皆經針對當
前實際狀況，厘訂改進之原則與辦法。關於經濟建設方
面，對於建設基金之統籌分配、運用，以及輔導更新民
營生產設備等，亦經確立改進方針。

為建設臺灣為三民主義模範省，全會通過「臺灣建
設計劃基本方針及進行程序」案，包括經濟建設、社會

安全、教育文化及市鄉建設等項計劃，各項計劃之總目
標有下述各端：

（一）集中國民力量，發展國民經濟。

（二）繼續開發資源，增加生產並由國際援助，達到
　　　國民經濟之自力更生。

（三）協助地方建設工作，使縣市以下自治團體有創
　　　辦及擴展其經濟與文化事業之能力。

（四）教育及社會建設，應與經濟建設互相配合，並
　　　平衡發展。

（五）在國民經濟發展中，推行社會安全制度，保障
　　　工農生產者之生活與福利。

　　關於前列各項總目標，將分別制定具體計劃，預期
於民國四十六年度開始實施。

章嘉大師圓寂先後之情形

一、三月二日，余接章嘉大師弟子羅桑益西、陳靜軒二
　　人來函。轉述大師意，以宿疾復發，日趨嚴重，囑
　　邀大師友好共商辦法，訂于三月三日下午二時集會
　　共策進行云云。我應邀準時出席，計到趙夷午、許
　　靜芝、劉廉克等十五人，均以大師病情惡化，挽救
　　無方，應積極準備後事。旋由大師親信弟子陳靜軒
　　面交大師致我一封親啟信件。經我拆閱，乃是大師
　　給我與劉展一、陳志賡、林烈敷、李子寬五人的，
　　其內容關于大師圓寂後火葬及轉世等事宜。照黃教
　　習慣，此種遺函須大師圓寂數日後始能發表者。

二、總統府資政、國民大會代表、國民黨中央評議委

員、中國佛教會理事長、護國淨覺輔教大師章嘉呼
圖克圖，于三月四日中午十二時二十分，在台灣大
學附屬醫院悄然圓寂。遂即在大師寓所約集大師
友好及有關機關研討後事。

三、研討結果由有關機關組織章嘉大師圓寂典禮委員
會，以蒙藏委員會委員長劉廉克任主任委員，按
照佛教儀式辦理喪事。遵循佛禮，大師遺體即地停
留二十四小時，定于三月五日下午三時，由醫院移
靈青田街大師駐錫處所供奉誦經三日。定于八日移
靈中正路善導寺，九日上午九時至下午五時，各機
關團體公祭，十日佛教徒頂禮參拜。十一日上午九
時，奉靈赴火化場，十二時舉火化典禮。今後即
照上項排定日期辦理喪事。

四、五日下午五時，移靈大師駐錫處所。根據黃教傳
統，由甘珠爾瓦活佛主持儀式（目前在台灣只有這
一位活佛）。我親至大師圓寂室內瞻仰大師遺容，
其遺體以黃緞圍裹，扶正盤腿端坐（如同生前），
抬進木製佛龕。我向大師敬禮，並進哈達，這是蒙
藏人士最恭敬禮節（即古時見面進帛）。參加移靈
各機關代表、各界人士、佛教信徒八百餘人。旋起
靈龕出台大醫院，扶上靈車，鳴砲起行。其行列
依次自台大醫院出發至青田街大師駐錫處所，扶
龕入內，分別舉行密宗及顯宗道場誦經上供。靈
堂佈置甚為隆重，香煙繚繞，備極肅穆。

五、章嘉大師佛龕在駐錫處所供奉已歷三日，于八日
上十時移靈善導寺供奉。其移靈儀式非常隆重，亦

如由醫院移至大師駐錫處所者，沿途萬人爭仰。

六、三月八日發表（典禮委員會）大師遺函，云章嘉呼
圖克圖民國四十五年赴日就醫之日（去年十一月卅
一日），預知久病之身，健康難復。特依佛教遺
規，留有致吳資政忠信（字禮卿）、劉委員長廉克
（字展一）、陳立法委員成（字志賡）、林國大代
表競（字烈敷）、李國大代表（字子寬）等五人親
筆簽名信一件（見圖），內有對上輩所遺法寶、法
物之保管，及第二十世呼畢勒罕找尋之等等重要
事項，均有詳盡囑託。此項函件依照成例，必須
于圓寂後若干數日後始能公開，以故此項函件三
月八日下午二時，始由吳資政等一面呈報政府，
一面交由大師圓寂典禮委員會正式公佈。此函係
由大師用漢藏兩種文字親筆簽名者。

章嘉大師簽名函真蹟照片黏于後。

禮卿、展一、志賡、烈敷、子寬諸位大德：

　　章嘉以胃疾纏擾，仰蒙總統宏恩，賜准赴日
治療，但以久病之軀，健康難復。將來去世之
後，可用火葬，暫厝台北青田街舊寓，連同上輩
所遺法寶、法物，一併責成陳靜軒、賀永慶妥為
保管。章嘉大師辦事處請求政府予以保留青田街
八巷三號房屋仍請繼續使用，蒙藏委員會每月補
助之叁仟圓亦請繼續補助，作為該員等之一切用
費。章嘉大師辦事處由陳靜軒主持，光復大陸後
應即歸葬五台山鎮海寺。至章喜呼圖克圖第二十
世之呼畢勒罕，亦由陳靜軒等負責找尋。章嘉呼

圖克圖精神不死，當繼續努力弘揚佛法，報效國
家，光復大陸，解救同胞，實為所願。

筆記　楊振鐸

章嘉 ཤངས་སྐྱ་ཧོ་ཐོག་ཐུ

中華民國四十五年十月卅一日

七、三月九日上午九時卅分，蔣總統到善導寺向章嘉
　　大師靈龕致祭，並于七日特頒「弘教牖民」匾額一
　　方。所有大師病中醫藥費及圓寂一切費用，統由
　　政府撥給，可見政府擾遇遠人，禮遇大師之崇高
　　德意之重大表示也。九日為大師圓寂後之各界公
　　祭之日，自九時起前往公祭者有陳副總統、中國
　　國民黨中央委員會（推我主祭）、總統府五院各部
　　會、國代聯誼會、宗教聯誼會、民社黨、青年黨
　　等團體。

八、三月十日為章嘉大師圓寂後第七日，乃是佛教徒
　　頂禮參拜之日。前往善導寺向大師供獻參拜佛教
　　弟子五千餘人，盛極一時。

九、十一日為大師火化之日，上午九時舉行移靈儀式。
　　移靈序列是按國葬儀式舉行，其送靈行列長達一公
　　里，浩浩蕩蕩，備極壯觀。是時雖細雨紛紛，沿途
　　居民夾道爭仰。十二時抵北投中和寺後山火場，將
　　大師佛體移入新建之火化塔中。我瞻仰大師遺容，
　　並將我隨身所用之手布贈大師，隨由甘珠活佛誦
　　經，封塔門發火。一代大師安然西去，大師遺函
　　託我五人所辦事宜，告一段落。

十、大師與我個人公誼、私情均非泛泛者可比，典禮

完成，非常快慰。至關大師之歷史與修持，另文
記載。

3 月 12 日　星期二
【無記載】

3 月 13 日　星期三
一、上午十時參加中央常務會議，總裁主席。討論召
　　開第八次代表大會，日期假定本年十一月十二日
　　為召開日期。
二、美國務卿重申美國對中共場說明三點：1. 美國承
　　認中華民國；2. 美國不承認所謂「中華人民共和
　　國」；3. 反對這個「人民共和國」進入聯合國作為
　　憲章所稱中華民國的合法代表。

3 月 14 日至 16 日　星期四至六
【無記載】

3 月 17 日　星期日
一、蔣緯國與邱愛倫在日本舉行結婚，日前返國。本
　　日在桃園蔣宅招待親友午餐，余亦在被邀之列。計
　　到竺枝柵等親友二十餘人，余並送衣料等禮品。
二、菲律賓總統麥格塞塞，因乘飛機撞山墮毀而喪生，
　　副總統加西亞就任總統。

3月18日　星期一

一、上午十時到陽明山參加總理紀念週。

二、到極樂殯儀館祭弔陳含光老先生。陳先生江都人，
享壽七十有九歲，詩、書、畫全才，海內聞名。

3月19日　星期二

七十四歲生日

一、今日係陰曆二月十八日，余七十四歲生日。年年
此日使我無限感慨，既不能報恩父母，亦不能盡
瘁黨國。我于上午偕老朋友金幼洲兄到北投陳光
甫兄家中休息。光甫兄現在香港，家中除工友外無
他人。我能在此安靜度過此日，身心非常快慰。

二、本日收到申叔由巴黎來函為我祝壽，庸叔由美國
來電祝壽。希望他們身體庸健，學業早成。

三、茲將余老父、老母生死日期敬書于後，以示勿忘，
略盡孝思。父生于道光廿八年正月十七日寅時，歿
于光緒十一年三月初九日寅時。母生于道光廿八年
十一月廿三日丑時，歿于光緒十六年三月廿六日亥
時。父歿，我一歲零二十一天。母歿，我六歲零二
十八天。

　　中央日報載巴黎中央社航訊一則，巴黎全國美術展
覽會，中國藝術家潘玉良、曾幼荷、吳申權（叔字之
誤）三人參加展出。申叔能如此，大可差強人意。新聞
黏于後。

巴黎全法藝術沙龍　我三畫家作品入選

中央社巴黎三月九日航訊

　　巴黎全國美術展覽會於三月九日展開本年度春季沙龍，留法的中國藝術家潘玉良、曾幼荷、吳申權三人參加展出。全國沙龍自一八九〇年以來在法已有六十多年的歷史，在巴黎的藝術沙龍中為最有悠久歷史的美術展覽會，本年為第七十三屆。該沙龍過去三次優秀獎，皆為久居巴黎的潘玉良女士所得，潘女士為該會二十多年的老會員。

　　潘女士擅長毛筆人體素描，以國畫工具摻以西洋手法，線條娟秀，溶合中西繪畫之特長於一爐，甚得藝壇之贊許。曾幼荷女士久居夏威夷，此次留法考察西洋藝術，其作品入選沙龍，頗為難得。曾女士主張國畫之改革運動，在清新渲染文人畫之傳統中，獨創新格。吳申權為陳樹人之高足，追從嶺南派之畫風，色彩鮮豔，行筆活潑。

　　中國畫家在此次沙龍中，甚受西方藝壇注意，頗得好評。

3 月 20 日　星期三

　　【無記載】

3 月 21 日　星期四

　　昨日上午十時參加中央常務會議，總裁主席，討論「台灣省政府光復十年來施政成果檢討報告審查意見」。

3 月 22 日　星期五

【無記載】

3 月 23 日　星期六

上午陪惟仁老太請朱醫量血壓，高一百八十五，低七十五。但高低不能穩定，仍主仍用德國平血壓針劑，每一星期用兩針，其他針劑仍照常用。

3 月 24 日　星期日

一、李石曾先生上午過訪。據云現在共匪及靠攏份子，以俄國為背景反對自由中國，而在海外民主人士與本黨少數同志，以美國為背景反對自由中國。李又說有病肯吃特效藥，病就會好了云云。他這幾句話範圍很廣，意義亦深，值得研究。

二、昨日下午到中山堂參觀中國美術協會舉辦之現代畫展，其內容包括海內外美術家近作。就我批評，很多新畫家突飛猛進，所展出種類，花鳥較前增多。

3 月 25 日　星期一

一、本日是中華民國第十四屆美術節，在中山堂舉行慶祝會。很多地方舉行美術展覽，回顧大陸被殘害美術家，令人沉痛。

二、本日上午十時參加陽明山革命實踐研究院總理紀念週，總裁主席。立法院、監察院黨部新改選委員舉行宣誓典禮。

三、本日（廿四）係吳稚暉老先生九十四歲冥壽，由稚
老生前友好及本黨同志發啟，于本日午後二時在
實踐堂舉行紀念會，我等與會者有五百餘人。我
與稚老彼此素有情感，深知稚老修養。他有超人
智慧與勤檢精神，所以能成為偉大人物。

3 月 26 日　星期二

午後六時半郭寄嶠、端木愷、路鵬三人招待晚餐，
在座都是同鄉立、監委員、國大代表。其用意係春節聯
歡，亦有為余七十四歲生日聚會之意。

3 月 27 日　星期三

上午到天母回看河南國大代表李子敬（李原籍安徽
太和縣）。軍人出身，官至中將，陸軍大學特四期。有
子女六個（三男三女），大女廿二歲，現在美國喬治亞
大學讀書。

3 月 28 日　星期四

【無記載】

3 月 29 日　星期五

曾伯雄週年

曾伯雄老弟于去年三月廿八日（即陰曆丙申年二月
十七日）逝世，光陰過得快，不覺已屆一週年。本日
（廿九）上午十時特偕麗安、世祉、抱石、和純、光叔
到墳墓祭掃。觀其墓地四週，仍須加以整理等工程。伯

雄去世後，頓失得力助手，公私深覺不便。追思往昔，
感慨良多。

3月30日　星期六

一、惟仁老太太近月來用德國治血壓針劑，大有進
　步。今晨偕惟仁老太到朱醫處，高血壓一百七，
　低血壓七十，這是從來少有的。血壓雖降低，尚
　未能穩定，但心臟仍是衰弱，當前問題即在此。
二、午後五時參加裕台公司第六屆第四次董事會議，
　決議本年四月內召集股東會，其地點、時間，另
　行通知。該公司四十五度營業情形良好，只漁業
　部門相當失敗，現在已將漁船出租。

3月31日　星期日

　　午後六時半民社黨蔣勻田先生招待晚餐，在座有行
政院俞院長鴻鈞等。蔣提出當前台灣縣市長及縣議員選
舉，該黨擬派選舉監察人問題。俞院長答以即轉知台灣
省政府嚴主席。

4月1日　星期一

從本日起日光節時間提前一小時。上午九時（即未改日光節時間上午八時）出席四月份聯合總理紀念週，監察院副院長梁上棟報告九年來該院政務概況。

4月2日　星期二

台糖公司董事長李崇實、總經理楊繼增、副總經理雷寶華招待午餐，有于院長右老及其公子望德等在座。因右老誕辰將屆，特為預祝，約我與楊亮功等作陪。于公子望德原任巴拉馬大使，因與館員相處不洽，故調回國。我與右老相交四十有六年矣，右老任民立報社長時，我任經理，當時望德尚在孩童時代。光陰過得快，已任過大使矣。

4月3日　星期三

一、上午十時參加中央第三四七次會議，總裁主席。討論港澳對匪鬥爭工作統一委員會，設港澳特派員。據說港澳已有十九個單位中央機關，支薪人員二百多人，經費每月港幣三十萬、美金三萬。總裁指示，要先統一黨及情報人員，港澳特派員兼指揮大陸工作，特派員機關可設在澳門，香港方面最好派婦女工作同志。總裁這個指示正確。

二、下午五時半出席小組會，由何雪竹兄主席。討論即將競選台北市市長事，均以本黨既提黃啟瑞為市長候選人，全黨同志必須群策群力予以支持。上次市長選舉，現市長高玉樹勝利，今次提黃啟瑞

競選再失敗，則本黨之前途何堪設想。

4月4日　星期四

　　周彥龍老弟于二月下旬失足街溝，左小腿骨小有損傷，經中西醫診治。前日忽發寒熱，擬赴醫院檢查。彼身體素弱，今更吃虧。

4月5日　星期五

　　日春以來，陰雨不斷，氣候惡劣，于人身體很不相宜。今日天氣清明，日光普照，真是三個月來少有之一日。上午十時參加總統府四月份國父紀念月會，新任駐巴西大使李迪俊宣誓典禮，總統親臨主持並監誓。繼由外交部長葉公超報告出席本屆聯合國大會情形，及當前國際局勢。葉云我國在聯合國代表權已益趨穩固。關于中東問題，西方國家已提高警覺，促進中東團結。尤其是匈牙利抗暴，西歐諸國感覺如不團結，其最後遭遇亦將如匈牙利云云。月會即于十時四十分結束。

4月6日　星期六

　　上午十時偕惟仁老太太到朱醫室量血壓，高一百六十五，低七十。可能用德國針劑壓下去的，但心臟衰弱是病之主因，仍治以強心，穩定血壓。從昨年春天至今年，現在身體最好時期，希望從此加強健康。

4月7日　星期日

一、彥龍昨日赴中心診所檢查。據云左腿不致殘廢，

進空軍醫院療養。我于今晨偕麗安、光叔及龔維寧前往慰問，病情好轉，約二星期可以痊愈。

二、晚七時半到中山堂參加中國行政學會晚會，有金素琴等京戲。

4月8日　星期一

一、上午十時到大直國防大學出席總理紀念週，總裁親臨主持。

二、惟仁老太太本日在附近醫生處量血壓，高一百六十，低七十。希望高低能穩定不變，去年五月間也高一百六十，低七十，但未穩定，後來還是上漲。

4月9日　星期二

【無記載】

4月10日　星期三

一、上午十時參加中央第三四九次會議，總裁主席，討論港澳對敵鬥爭統一領導修正案。

二、下午三時出席國大小組會，討論有關市長選舉問題。

三、下午四時到空軍醫院看彥龍病，很有進步。

4月11日　星期四

惟老太太本日在附近醫務室量血壓，高一百五十，低六十五。這是從來沒有的，可能是德國針劑之收效，希望能以穩定。

4月12日　星期五

【無記載】

4月13日　星期六

一、請朱醫診斷惟仁老太太血壓，高一百七十五，低六
　　十五。據朱醫云，老太太心臟較前數日好轉，主張
　　德國針劑每一星期注射一次，今後每十日到朱處
　　復診一次。

二、下午三時半出席中國銀行臨時常董會，亦是首次
　　出席常會者，討論紐約行經理等人事問題。

三、到章嘉辦事處商討章嘉建塔，以及舍利子保管等
　　等善後問題。

4月14日　星期日

　　英國同意新加坡自治，結束一三七年殖民統治。英
人負責星國防、外交，以防侵略，但曾參加顛覆活動
者，不得當選為星議會議員。新加坡面積二八二方哩，
人口約一百二十萬，中國人約為百分之七十八。

4月15日　星期一

一、徐健青、吳鑄人招待晚餐，在座都是同鄉。地點
　　廈門街九十九巷卅五號。

二、郭寄嶠已發表總統府國策顧問。寄嶠原任國防部
　　長，自行政院改組，寄嶠下野，迄今三年之久，
　　茲任國策顧問，可以說再起為黨國服務之預兆。

4 月 16 日　星期二

【無記載】

4 月 17 日　星期三

一、上午十時參加中央常會第三五一次會議，總裁主
　　席。秘書處報「四十六年黨務工作目標」、「黨營
　　事業四十六年業務計劃及概算」，討論「敵後指
　　導委員會組織簡則」、「宣傳指導委員會組織規
　　程」。至十一時四十分散會。
二、下午五時半出席小組會議，由我主席，交換選舉
　　本屆縣市長意見。

4 月 18 日　星期四

　　上午偕麗安到空軍醫院看彥龍病。他左腿傷勢有進
步，惟熱度不能退清，經一再檢查，係幼年患傷寒，細
□未清作祟之故。

補記章嘉大師歷史

　　章嘉大師係章嘉呼圖克圖第十九世之轉世，本名羅
森班殿丹畢蓉梅，于民國前廿二年生于今青海，民國前
十三年經選送晉京受封，繼任為章嘉呼圖克圖。
　　章嘉大師在清制駐京的八大呼圖克圖中尊為第一，
且獨受大國師的尊號，遂為喇嘛教四大支之一。所謂四
大支就是前藏的達賴、後藏的班禪、外蒙古的哲布尊丹
巴、內蒙古的章嘉大師。三百年來對國家一直效忠的，
只有章嘉領導的一支。

　　章嘉大師擁有內蒙四十九旗及青海二十九旗的廣大信徒，寺廟數百所，喇嘛計十萬餘人。章嘉于民國建立，政府對其迭有封號，抗戰勝利後，國民政府于民國卅六年加封護國淨覺輔教大師之尊號，此為政府歷次對蒙藏佛教領袖所僅有者。

　　大師素具國家至上、民族至上的信念，一生行事從未違背護國輔教的宗旨。自民國十九年任蒙藏委員會委員，至近年任中央評議委員，中間凡廿餘年，始終追隨政府，共赴國難，尤痛恨共匪。

　　大師方面大耳，慈祥和藹，宿慧甚深，修持亦謹，通漢、滿、蒙、藏語文，日常誦持經咒，不喜外出，能背誦大部經典在五部以上，普通經典無論矣。生活儉樸，每日一餐，夜間均趺坐以代睡眠，世人稱為「活佛」。他所提倡是「人乘佛法」，他說學佛先從做人起，佛法不離世間法，離世間法便沒有佛法。大師這一世系絕無對國家離心或背叛之事，即由乎「人乘佛法」與中國傳統思想相合的緣故。

　　大師對于自己的去來非常清楚，何時圓寂亦有預示，對轉世去向和信念亦極堅定明白。如非覺行圓滿，得證道果，焉能臻此境界。於佛身火化後，發現舍利子數千顆、金剛寶若干、六字輪一粒。三種佛身至寶，大師兼而有之，正明其修持有素，法精道深。這是大師最後遺物，應該好好的保存。

4月19日　星期五

一、于老先生右任七十晉九華誕，老先生往彰化避壽。

我于上午往于公館簽名祝壽，以表敬意。

二、往台大醫院看陳英士先生夫人病，老夫人係因年
老體衰，血管硬化之故。

4 月 20 日　星期六

　　此次台灣縣市長及省議員選舉競爭非常熱烈，尤以
本黨提名黃啟瑞與現任台北市長、自稱無黨派高玉樹競
選已白熱化。萬一黃氏失敗，則充分表現本黨無能。以
本黨的勢力，黃啟瑞競選台北市長應該勝利的，但看
明日投票結果如何。台灣全省人口總數為九百四十萬
九千八百八十六人，其中有合法選舉權的選民四百廿六
萬六千二百七十五人，包括男性選民二百十四萬五千
七百五十三人，女性選民二百十二萬零五百二十二人，
應選出全省二十一縣市的縣市長，同時選出六十六名代
表各地民意的省議員。

4 月 21 日　星期日

目睹省議員縣市長競選

一、今日（廿一）天氣晴朗，氣候暖和，全省男女老弱
　　均于上午八時起，分別前往總數在四千個以上投
　　票所投票（僅台北市設二百二十四所投票所），投
　　票時間至下午五時截止。國民黨獲得重大勝利，全省
　　二十一縣市中，有二十縣市當選人均屬國民黨所提
　　名，祇有台南市一處獲得勝利的是無黨派葉廷圭。
　　省議員選舉也是國民黨籍候選人贏得五十三席絕大
　　多數，青年黨四席、民社黨二席、無黨派七席，共

　　六十六席。各縣市投票率約得百分之八十，較往年
　　特別增多，這是民主政治的進步。

二、台北市市長競選是全省各縣市最緊張、最激烈之
　　一區。我與惟仁老太太于上午九時前往投票，目
　　睹選民踴躍投票，選務人員熱情認真，為上兩屆
　　市長選舉所少有。選舉結果，國民黨提名的黃琪
　　瑞獲得勝利，自稱無黨派高玉樹失敗。查台北市
　　選民總數為三十七萬六千八百七十人，投票者二
　　十九萬人。黃琪瑞得十七萬六千三百四十六票，
　　高玉樹得十一萬九千五百十六票，林清安得票一千
　　六百十四票，共為二十九萬七千四百七十六票，這
　　是初步計算。黃琪瑞較高玉樹多出五萬六千八百
　　三十票，當選台北市市長。

三、此次競選台北市長，國民黨全體澈底動員，支持
　　黃琪瑞。國民黨有權力、有財力、有人力、有組
　　織等等優越具備的條件，更以國民黨是唯一執政
　　黨，與一個無此優越具備條件的高玉樹競選，高
　　竟能得十一萬九千五百十六票，以其勇敢奮鬥精
　　神，則雖敗猶雄。高玉樹選票多在下層，尤其注
　　意在我們不注意方面，本黨選票多在上中層，似
　　覺空虛，臨時運用下層，相當吃力。高玉樹失敗
　　後聲明下次還要競選，並說「君子不計成敗，公道
　　自在人心」，又說「寧可光榮失敗，不求不光榮勝
　　利」，這都是失敗後氣不平、欠修養之故。本黨
　　勿因勝利而矯，應在勝利中檢討缺點。本黨意見
　　素來未能一致，遇到緊急關頭即能動員對外，望

今後本團結精神，勿忘此次動員。

4 月 22 日　星期一

今日係章嘉大師圓寂滿七之期，大師辦事處請高僧誦經，並請我與趙夷午先生等午齋。藉此我等與蒙藏委員會劉委員長廉克、行政院陳秘書長慶瑜、總統府徐副秘書長靜芝商討大師未了善後事宜。決定辦事處保留，不對外作政治活動，以陳靜軒、賀永慶為辦事處代表。在大師化身處建塔，請蒙藏委員會負責辦理。

4 月 23 日　星期二

午後四時到空軍醫院看彥龍病，腿傷日漸痊愈，已可下床緩緩行走。惟其身體素弱，非一時可以轉強者。

4 月 24 日　星期三

上午九時偕惟仁老太太到朱仰高醫師處。據朱云，惟老太高血壓一百五十，低四十，從來無此高低。朱云這是因為今晨過于勞動之故，但心臟衰弱是根本病因。我的血壓高一百二十二，低七十，體重六十二斤半，較去年八月增加五公斤。

4 月 25 日　星期四

【無記載】

4 月 26 日　星期五

一、下午三時主持紀律委員會第五十七次會議。

二、下午四時出席裕台企業股分有公司第七屆股東
　　會。改選董監事，計胡家鳳、楊繼增、王鍾、洪
　　陸東、仲肇湘、周友端、賀其燊，以上常董。徐
　　鼐、刁培然、劉啟光、張寶樹、閔湘帆、張心
　　洽、顧儉德、吳建華十五人為董事。胡家鳳仍為
　　董事長，又吳忠信、劉和鼎、白瑜、張清源、幸
　　我、虞克裕、瞿韶華等七人為監察人，仍以吳忠
　　信為常駐監察人。當即由董事長提請以洪軌為總
　　經理（洪原來是總經理）。裕台公司四十五年度決
　　算營業收入較預算增加，惟漁業部虧損，以致停
　　辦，將漁船出租。其失敗原因在人事方面，大多
　　無撈漁常識。

4月27日　星期六

　　周彥龍左腿跌傷已將兩月，嗣住空軍醫院，很有進
步，現已大致痊愈，免強下床，持棍緩行。本日出院，
我于上午十時接其回家，必須加以修養，始可復元。雖
身體吃虧，腿未殘廢，不幸中之大幸。

4月28日　星期日

　　【無記載】

4月29日　星期一

　　上午十時到大直國防大學參加紀念週，總裁主席並
訓話，認為當前國際間不會和平，亦不會戰爭。

4 月 30 日　星期二

一、上午到自由之家回拜傅秉常先生。傅前任駐蘇大
　　使七年之久後，僑居巴黎亦有七年之久，日前經
　　星家坡、菲律濱返回台灣。傅氏熟習蘇聯情形，
　　據云蘇聯經濟當前不致發生問題。蘇聯政治係以軍
　　隊為背景，如軍人不說話，政治不會變動的。

二、午後三時偕麗安看電影。

5月1日　星期三

　　上午十時參加中央第三五四次會議，總裁主席。外交部葉部長、僑務委員會鄭委員長報告越南華僑國籍問題，我政府主張聽憑華僑自由選擇國籍，而越政府則主張在越土生皆算越籍。彼此僵持，決議強硬交涉。

5月2日　星期四

　　【無記載】

5月3日　星期五

申叔繪畫在法國再入選

　　中央社訊（如中央日報、新生報、連合報等報及其他報都有登載），申叔作品最近在法國再度在國際性藝術展覽會中展出。法國藝術家沙龍最近四月中旬的一次展出中，吳申叔作品經六十位藝術專家組織評判委員會選中，為國家爭光不少。茲將新聞一則黏于後（上次入選新聞已載三月十九日日記中）。

吳申叔繪畫在法國入選
中央社訊

　　中國留法青年畫家吳申叔的作品，最近在法再度在國際性的藝術展覽會中展出。法國藝術家沙龍最近四月中旬的一次展出中，吳申叔的作品經六十位藝術專家組織的評判委員會選中，為國爭光不少。

　　吳申叔現在二十五歲，是革命元老吳忠信的長子，曾在美研究藝術，現正在法深造，他的作品前曾入選法

國國家沙龍。

申叔能如此奮鬥，我與惟仁老太太非常歡喜。當即請周彥龍致函申叔，囑其繼續努力，萬勿驕傲。申叔係壬申年出生，今年將滿二十五歲。在出國之前（二十一歲）曾在台北開畫展，深得各方好評，已確立繪畫基礎。今者兩次在世界藝術重心的巴黎入選展覽，真是難能可貴。

5月4日　星期六

一、昨日下午七時，同鄉友人陳紫楓、陸心亙、方治、溫廣彝、湯志先、趙執中、高石甫諸兄公請我等晚餐，地點國際學社，在座都是同鄉。

二、上午十時參加總統府五月份月會，台灣省嚴主席報告「實施地方自治之進展」。

5月5日　星期日

一、同鄉魏壽永（北鯤）次女公子琪、余益謙（壽縣）次男公子茂阱，于五月五日下午六時在台北市實踐堂（黨部禮堂）舉行結婚典禮，請我證婚。魏小姐廿四歲，省立農學院農藝系畢業。余公子茂阱卅四歲，國立政治大學第十三期地政系畢業，對于本國史地頗有研究，現在內政部擔任土地行政工作。兩位學業相近，亦是當前建設中華民國一般人民所最需要的地政、農業者，兩位青年都是本黨黨員。余本上項精神，勉勵兩青年。

二、本日午後七時偕光叔到三軍球場，參觀韓國藝術
　　親善訪問團表演音樂與舞蹈。該團以一百卅人組
　　成的，音樂係美國式，舞蹈大多來原于中國古
　　代，可見中韓兩國文化關係。

5月6日　星期一

越南強迫土生華僑入籍益急

　　六日上午八時五百僑胞激憤難遏，作三度向我駐越
使館請願，搗毀使館。數人被警逮捕，餘均絕食示威。
葉外長公超鄭重宣稱，堅持自由選擇國籍，對于拒入越
籍土生華僑決予歸國便利，其不願來台者，政府當繼
續與越南交涉。我政府認為越南政府此種片面行動不合
國際原則與國際慣例，實為剝奪基本人權，落伍橫蠻行
動，為廿世紀現代文化國家所罕見。越南政府最後限期
本月八日即將屆滿，近且變本加厲強制執行。數十萬土
生華僑限于進退失據、徬徨失措之困苦境地，我政府稽
延不決，充分表現無能。

　　越南總統吳廷延是一個不講禮的妄人，只有採強硬
態度，就是斷絕邦交亦是在所不惜。我旅越華僑一向與
越人民和平相處，至為友善，對越南貢獻實在不少。越
政府已經限制華僑經商，現又將令土生華僑入越籍後服
兵役，這就是對華僑既要錢又要命，如意算盤。

5月7日　星期二

　　【無記載】

5 月 8 日　星期三

一、上午十時參加中央常務會，討論關于「星馬地區對
　　匪鬥爭工作之意見」，照案通過，惟領導人才與
　　經費兩缺。又討論關于「反共抗俄時期國外留學生
　　返國服務考銓條例草案」，究竟有無制訂必要，
　　再加研究。

二、下午五時半出席小組會議，地點徐次辰先生家中。

三、申叔繪畫最近在法再度在國際性的藝術展覽會中
　　展出，國內人士與余晤面，多表慶賀。今晨蔣經
　　國世兄亦談及此事，並云在台北某美國人家看見
　　申叔花鳥作品。余答曰申叔由你幫忙才能出去，
　　余老矣，將來申叔不但要你管，還要你教云云。

5 月 9 日　星期四

　　上午十時陪同惟仁老太太，請朱仰高醫師診斷血
壓，高的一百七十，低八十。但肚皮發脹，心臟仍是
衰弱，最近三日請吳惠平醫師金針注射。我的血壓高
125，低 70。信義信寓所左鄰朱慎微先生遷居高雄，本
晚為他夫婦餞行，約龔理珂作陪。

5 月 10 日　星期五

美國飛彈協防台灣

　　中美兩國獲致協議，美飛彈協防台灣，備有「鬥牛
士」式戰術性飛彈，可裝普通彈頭，亦可裝原子彈頭。
據聞此種飛彈射程五百五十哩，時速約六百五十哩，台
灣防務益加鞏固。

5月11日　星期六

俞濟民兄因癌症逝世，昨日上午在極樂殯儀館大殮，我親往弔祭。濟民曾任杭州市長，現任律師及光復大陸設計委員會委員。

5月12日　星期日

一、老同志丁鼎丞（惟芬先生）逝世三週年，本日上午九時在民眾服務處舉行紀念，我親往敬禮。

二、台北吳氏宗親會本日午後三時在吳氏宗祠舉行春祭，我親往敬禮。

5月13日　星期一

近月來台灣全省普遍患流行性感冒，其原因天氣乾熱。即以台北市而論，已有十五萬人患此症者。吾家光叔等亦受傳染，我的身體疲困，飲食大減。

5月14日　星期二

美洲日報妄主「和談」

四月廿日紐約「美洲日報」妄主「和談」，所謂「和平合作原則」的社論。該報總編輯梁聲泰係國民黨黨員，他又是以經濟部專員持有政府外交護照，除了美洲日報職務外，尚兼有紐約「中華公所」主席和「全美華僑福利總會」委員要職，確係本黨在美負責重要幹部之一員。此次犯了嚴重錯誤，當地華僑群起攻擊，尤以本黨紐約分部主張嚴予議處。查梁聲泰主持美洲日報歷十年，一向以朱毛匪幫為漢奸國賊。今當朱毛匪幫拼命

鼓吹「和談運動」的期間，竟違反反共抗俄國策提出
十二項和平條件，混亂聽聞，其荒謬絕倫孰有甚于此
者。至十二項條件內有「中共政權之軍隊必須退出長江
以北，暫時成立緩衝地帶。台灣暫由國民黨治理，長江
以北暫由中共匪幫治理，長江以南各省暫由海外僑胞及
自由人士治理。」

5 月 15 日　星期三

一、上午十時參加中央常務會議。

二、光叔患流行性感冒，發高熱，麗安感冒亦未愈，
　　請朱仰高醫師診治。

5 月 16 日　星期四

　　【無記載】

5 月 17 日　星期五

　　魯蕩平兄招待老同志午餐，並攝影以留紀念，計到
有于右任、李石曾、張懷九、馬超俊、何敬之、張默
君、鄧夢碩、雷渭南等。我因事，于攝影後即辭退，未
參加午餐。

5 月 18 日　星期六

　　【無記載】

5 月 19 日　星期日

　　國民大會代表劉紀文同志，因患癌症在美國逝世，

本日在民眾服務處舉行追悼會，我于上午九時前往參加公祭。紀文同志曾任南京市長，建設新南京市，深為各方所稱許。

5月20日　星期一

一、上午九時參加總理紀念週，並由中國廣播公司董事長梁寒操同志報告總理遺教「孫文學說」之研究心得。

二、惟仁老太太今日在附近醫務所量血壓，高一百五十，低六十。這是少有正常的血壓，惟肚脹尚未愈。

5月21日　星期二

世祉患痔疾已久，近日大發，昨日午後入醫院施行手術。

5月22日　星期三

因大法官等案發生憲法問題

上午十時參加中央常務會議，未及討論案件，以三小時之久研究關于殷台公司造船案，及關于大法任期案，與夫國民大會亦可代表國會案。茲將該三案（發生憲法問題）大概情形紀錄于後。

甲、關于殷台公司造船案，該公司係中美合作的（美商殷格公司），不但非常複雜，而且嚴重糾紛。其原因是行政當局未能與有關方面磋商，並將全部事實公開，至手續和技術亦未能注及法令。所以

立法機關對于本案提出意見，監察機對于本案提出糾彈案，都是基于維護國家利益要求。行政方面說此案係事務性，立法院不能干涉的，現在不能與美方毀約。立法院既在原則上支持與美合作造船，于決議時能夠保持較為彈性，使行政當局可能做到。我露骨說一句，此案行政當局應負責任，其失職有關人員應澈查議處。

乙、關于大法官任期案，我國憲法並未規定大法官任期，現在立法院提議修改司法院組織法條文，有兩點：一是在原來「任期九年」的條文之下，加上「不得連任」四字；二是規定對憲法解釋，應有全體大法官三分之二出席暨出席三分之二同意，方得通過。同時監察院請司法院解釋，憲法所稱法官，是否包括大法官在內。立、監兩院所以提出此案，因大法官解釋國民大會亦可代表國會多數人，對大法官解釋頗為不滿。

丙、國民大會亦可代表我國國會，則立、監兩院代表國會外，又加一個國會，豈不是世所未見三個國會國家。我國憲法，國民大會最重要職權，選舉與罷免總統與副總統，以及修改憲法。既解釋代表國會，將來國大代表必要求與立、監兩院委員同等待遇、住會委員，與夫執行等等權利，使憲法發生糾紛，後果不堪設想。

5 月 23 日至 25 日　星期四至六
【無記載】

5月26日　星期日

劉自然案引起暴動大事件

　　美國駐台灣顧問團軍士雷諾茲槍殺劉自然案，于五月廿三日（星期四）經美國軍事法庭在台判決無罪，有失公允，激動民眾情緒。適劉自然遺妻于廿四日（星期五）向美國大使館抗議不公平判斷，有同情劉妻（劉奧特華）群眾愈集愈多，其勢兇兇。忽聞兇手雷諾茲已乘飛機離台，群眾更為憤慨，又加警察處理欠善，不幸竟發展搗毀大使館，扯下美國國旗，掛上中國國旗，打傷美國人。經警察全力保護，美人終獲脫出重圍。群眾在極度憤慨中，又將美新聞處及該處圖書館等包圍，並將各種物件全部破毀，其在台糖大樓辦公的美國機構亦被包圍及投擲石子，大使館內汽車多輛亦被打毀。嗣因警察捕人，群眾包圍警局，要求放人，警察開槍，致有死傷，事態更加擴大。至衛戍總司令宣佈戒嚴，秩序漸漸安靜。此次暴動，美大使館職員于混亂中受傷十一人，內有新聞參事卜時受傷較重，肋骨至少有一根被折斷。本國同胞已有一人死亡，四人重傷，其他九人輕傷，警察亦有十多人負輕傷。死亡者名吳麥濤，係福州人，四十歲，氣象所工友，佛教徒。因有胃病出街買藥，中流彈死亡。死者遺妻陳碧雲對于今後四個子女生活，以及自己即將臨盆，窘迫境況，非常悽慘。

　　搗毀大使館事，美提強硬抗議，要求賠償和「充分道歉」。我國駐美大使董顯光于出事數小時後，即至美國務院表達中國政府「極深刻遺憾」。我政府並表示願償大使館損失，負責治療受傷美館人員及採取有效保護

在台美國人員安全辦法。蔣總統于廿六日午後接見藍欽大使，曾表示此次不幸事件是一般中國人對雷諾茲案審判結果不滿而發生，決無任何反美運動。藍欽大使認為不幸事件「非常嚴重」，他並且說他希望，而且相信中美關係定會恢復友好，但這可能需要「一個長時間」與「相當調整」。

美國防部表示被軍事法庭宣判無罪的雷諾茲軍士不在受審訊，該項處決係屬最後審決，他是美國與中國政府所商訂的程序協議範圍內（這是我政府過去最大錯誤）。當時群眾並不能完全理解大使館是不能隨便打的，不過一聽雷諾茲已經飛走了，就如火上加油，可以說廿四日黑色星期五是失去理智舉動的一天。中美兩國人民的關係一向敦睦，一時受到雷案損傷，是偶然的，不久即可恢復。

我國從漢朝約法三章時代，一直習慣都是殺人者死，但沒有殺人者無罪。此案真正原因乃是雷諾茲殺死劉自然，美國軍事法庭宣告無罪所造成。這個不公平判斷，不僅傷害中國人的人權觀念與人格尊嚴，同時亦將使文明人類懷疑美國所倡導人權平等與法治。

我們政府對于劉自然審判之先不善運用，審判之後疏于防範，臨時又不明瞭群眾心理，處理乖方，以致釀成打使館、殺同胞大暴動，不但損失政府信譽，益且損失國格。行政院俞院長及全體閣員引咎辭職，已經蔣總統予以慰留，辭呈退回。至于負責台北治安軍警高級人員，衛戍總司令黃珍吾、憲兵司令劉煒、警務處長樂幹，均經予以撤職處分，實不足補償國家損失與夫無辜

者之死傷。吾人應懲前毖後，痛定思痛，檢討為何在數小時內發生此重大事件。一面妥籌善後，如何恢復中美友好關係，如何說服人民憤慨情緒，萬一偏重一方，將遺無窮之後患。

要聞傳真　臺北群眾事件始末

臺北市的數千民眾，上週五帶著激動的心情，衝破了八年來的寧靜，聚集在美國大使館門前，抗議美國軍事法庭宣佈殺人者雷諾茲無罪的不公正判決。由於事起之初，連治安當局都以為不會發生多大事情，未立即採取嚴密的防範措施，致使群眾行動，發展到後來，無法控制，讓美國大使館、新聞處遭受了被搗毀的厄運，美僑感到了驚擾，進而使此一事件轉而成為群眾與警察的對壘。說來確是不幸，為任何人所始料不及。

種因於突然的失望

群眾的衝動，說來是順理成章的。雷諾茲槍殺劉自然案發生以後，任何一個中國人，乃至若干的外籍人士，都直覺的認為雷諾茲將難卸罪責；國人始終抱著沉靜的態度，期望於美國的公正審判，一直保持著中國人民的傳統容忍風度，到美國陸軍宣佈組織軍事法庭公開審訊雷諾茲之後，國人對此案的憂慮似乎才得到寄託。可是歷時三日審訊的結果，竟宣判殺人者無罪，使國人大感失望，立即引起普遍的反感。就宣判時在庭上的美方人員竟報以歡忻的掌聲這一點看來，對於中國人這種突然的失望與普遍的反感，似乎是美方人員沒有顧慮到的，豈知這就是發生這次群眾事件的種因。到現在，如

果美國方面感覺事態沉重，應該追本溯源，不要疏忽了
這個因素。

三小時內四項因素

　　事件的開始，是毫無「規模」可言的。美軍事法庭
宣判之後，在臺北真是街談巷議，不平之情，溢於言
表，但由許多人猶在指責當初不該有兩位有地位的中國
人去為雷諾茲的品行作證這一點看來，可知國人的風
度，是如何的「克己」。到了上週五（五月二十四日）
上午十時，死者劉自然之遺妻劉奧特華持著「殺人者雷
諾茲無罪？我控訴！我抗議。」「兇手雷諾茲竟然無
罪？抗議美國軍事法庭不公平的判決。」的牌子佇立在
美國大使館門口，作「靜坐抗議」，看熱鬧的群眾越聚
越多，大家都保持平靜。這種平靜一直保持了三個小
時。但這三個小時內卻又滋生了許多新的因素：

一、美大使館方面，對劉奧特華之抗議，未作適當的處
　　理，僅一度有位官員出來，邀她入內，但劉奧特華
　　未予接受。抗議乃成擱置的局面。對於群眾聚集
　　所可能引起的騷動，似乎亦未多有顧慮。（所以
　　事後有人說，如果藍欽大使當時在館內，可以做
　　主，則不幸的騷亂可能避免。）

二、中午時分傳出，雷諾茲全家即要乘飛機離臺，對於
　　群眾情緒，這是最富刺戟性的。

三、群眾越聚越多，亦即越不可控制。

四、維持秩序的治安人員也逐漸趨於緊張。

　　這四個因素是顯而易見的。在未有其他明確的證據
之前，我們可以說，美國大使館不幸場面之造成，至少

有這四項因素。

後援到來已難收拾

快近正午的時候，新聞記者來了，北市警局局長劉國憲也來了。可是劉局長沒有以同情的口吻勸說劉奧特華，相反的卻指斥劉奧特華是有意要製造事件。聽到的人未免傷感情，情緒也變得有點激憤。但這時警方並未在通往大使館的遠處通道口佈崗戒備，僅在使館門前有三、四十人守衛。以三、四十人面對上千的群眾，以致在群眾中好事者一聲呼喝之下，這道脆弱的防線就被衝破了，而開始向大使館襲擊。這一來，警方知道事態嚴重，調來保警增援。這些荷槍實彈的保安警察開到時，群眾已經在大使館內打起來了。

開槍效果適得其反

警務處處長樂幹聞訊趕到現場。插著腰，面對著這種群眾場面，說：「這成什麼話？你們再不出去，我就開槍了。」效果正好是相反的，群眾反而蜂擁向樂處長撲來，叫道：「你是不是中國人！」樂幹竟真的下令叫警察開槍，警察的槍朝天放了四響，第一槍未放響，群眾哄笑，以後三槍響了。有幾位在旁的記者建議樂處長不能這樣做，因為這是處理群眾場面最危險的辦法，可是樂處長卻說：「你們不要管，我以頭負責。」

此時憲兵也奉命增援。憲、警合力來維持秩序，憲兵、警察一般的態度非常良好。但是群眾的行動是盲目的，祇要些微刺激，就發揮得更厲害。他們不但要搗毀大使館，而且跟著要搗毀奉命增援的消防車。消防車眼看形勢不佳，立即向後撤退。這時已快五時，五、六位

躲在大使館地下室的美國官民，為怕群眾縱火，乃在警察的協助下分兩路衝出重圍，他們都挨了打。

到下午六時左右，聚集在大使館的群眾已因激憤高潮過去，使館也被打得差不多了，群眾逐漸離去，治安人員不斷增加，才把群眾驅出大使館的警戒線以外。到了七時半，葉外長陪同甫自香港返來的藍欽大使巡視大使館時，又再度掀起激動。幸經軍、警、憲的協力維持，才讓葉外長及藍欽大使安然離去，略受投石之驚。到八時的光景，天色已暗，群眾中有倡議縱火者，幸另有些人呼籲：「不能放火，旁邊就是中華路，燒起來不得了！」這一呼籲，立時獲得群眾的支持，而未再擴大事端。

槍聲一起一團糟亂

以上是「黑色星期五」當天，記者身處其境，所見美國大使館附近的實情。中山堂前的美國新聞處和圖書館，則於當日午後四時起才陸續有群眾聚集。其間有很多就是在大使館打過了，未能盡情的衝動者。由於群眾的盲目心理，跟著就一窩蜂的也把新聞處給搗毀了。到了六時左右，竟有幾個毫無理智的人要縱火，這一來可急壞了近在咫尺的警察局。警方以全力來壓制這一盲動，同時並在群眾中逮捕了四個人帶到警察局。這一行動，立即引起群眾掉過頭來向警察局示威。被抓的人喊救命，群眾則高呼放人。經過很短一段緊張的時刻，就發生了群眾拋石子打警局和縱火燒警備隊摩托車的行動。跟著槍聲響了。誰開的槍，因尚在調查之中，記者在此不能作斷語。只是槍聲一起，一團糟亂，受傷的人

呼救，衝突也就更加激烈。到了晚上十一時左右，衛戍
部隊奉命入城執行戒嚴，才遏止住洶湧的浪潮。

安撫國人承擔責任

痛定思痛，政府除了維持社會秩序和保護外僑生命
財產的安全而外，對國人亦應有合理的安撫，那就是迅
採步驟，使雷諾茲的問題得到合理的處置，而且對美軍
人員的豁免權問題，亦應重加檢討。行政院院長俞鴻鈞
及其十七名閣員，雖因此一暴亂事件而提出總辭，但這
是消極的態度。相反的，政府應有勇氣來承擔這件事的
責任，重新檢討我們的一些失策之處，這才不失為光明
磊落的內閣。

外籍人士不免揣測這次紛擾是「有組織」的行動。
但記者可以說句笑話：「如果是有組織的行動，也就不
會鬧得這樣大了。」

5月27日　星期一

上午九時中央黨部在實踐堂舉行總理紀念週，推我
主席，由馬超俊同志報告「總理行誼」。

5月28日　星期二

惟仁老太太在和平東路醫務室量血壓，高的一百五
十五，低的六十五，是最近最穩定的血壓。

5月29日　星期三

一、往善導寺訪李子寬居士，商討章嘉大師紀念冊事。
二、午後五時出席小組會議，地點何應欽先生家中。

大家研究廿四日台北不幸事件，都以為破壞美大
使館，打傷美國人，是中華民國奇恥大辱。

5 月 30 日　星期四

【無記載】

5 月 31 日　星期五

午後三時主持紀律委員會第五十八次會議，研究美
洲日報總編輯梁聲泰發表荒謬和談言論有犯黨紀案。擬
由各委員詳加研討，下次會議再討論。

6月1日　星期六

蔣總統為台北不幸事發表文告

　　總統府于六月一日舉行六月份國父紀念月會，蔣總統親臨主持，沉痛檢討五月廿四日損毀美國大使館不幸事件，發表告全國同胞書。大意是告誡國人自省，恢復國族信譽尊嚴，文明國家應有守法觀念，對此次事件引為共同恥辱。提示親歷往事教訓，指斥匪俄狡詐陰謀，今後提高警覺，明是非，辨敵友。須知美國為我患難友邦，我為貫徹反共抗俄國策，惟有與美國站在一條陣線，我政府保障中外人士安全，自必責無旁貸，斷不寬假。總統明確指出，治安人員事前既疏于防範，事後又不能當機立斷，負責處理。總統又明確指出，這次事件根本上還是一個國民教育問題，雖然在廿世紀五十年代來談這個問題已屬非常可恥，很多人似乎被「革命」衝昏了頭腦，而輕視了做一個合理人的道德訓練，應該力謀糾正。

6月2日　星期日

一、吾人曾于過年時發啟不拜年，頗收效果，得假年略予休息。今逢端午節，吾人再發啟不送節禮，深得各方所贊許，亦是轉移風氣最高尚之措施。

二、仲頤老先生于昨日（即六月一日）疾終台中寓所，享壽七十九歲。仲字少梅，又字浮山，江蘇吳江縣人。其長公子肇湘、長孫公子澤初等學有專長，尤善文字。仲老先生本人不但長于詩文，而且善于書法。仲老于大陸淪陷時來台，與我同客台中，時

相往來，深覺仲老藹然可親，一團和氣。我送輓
聯，其文曰：

雅望所同欽，澤被詩書留盛德；

典型堪永式，蔭垂蘭桂繼清芬。

6月3日　星期一

一、上午九時，至中山堂出席聯合總理紀念週，中央
　　常務委員陶希聖兄報告，題為「朱毛匪幫反美運
　　動」。茲將陶氏此項演講中有關共產主義對民族
　　的反對與利用一段新聞黏于後。

中央社訊

　　中國國民黨中央委員會，於三日上午九時在中山堂
舉行聯合總理紀念週，由評議委員萬耀煌主席，中央委
員陶希聖報告，題為「朱毛共匪的反美運動」，全文
如下：

　　我們讀了總統於本月一日在總統府國父紀念月會
上發表的文告之後，今特就朱毛共匪的反美運動，加
以解說。

一、共產主義對民族主義的反對與利用

　　共產主義者是反對民族主義的。列寧在一九一三年
說：「馬克斯主義不能與任何民族主義妥協，即使這民
族主義是公正的，純潔的，開朗的，文明的。」馬克
斯主義所需要的，是「無產階級從民族主義脫離而獨
立。」所以列寧屢次說明「社會主義是每一種民族主義
的敵人。」但是蘇俄帝國主義及其侵略工具之國際共

黨，在一個自由國家裡進行其顛覆工作時，以及對於自由世界進行其侵略行為時，卻利用各種民族主義，做他們鬥爭和侵略工具。自一九一九年以後，共產國際極力利用亞洲的民族主義，特別是中國國民革命。一九二五年三月季諾維也夫在其演說中，敘述列寧的陰謀策畫從西方轉向東方的經過，說道：

「俄國革命勝利之後，我們都同意，德國革命必將繼起，此後革命就要遍及整個歐洲。到後來，問題就被提出，對於革命進行的路線如此看法，認為革命只有這條進路的看法，是否正確。是否我們這一估計是錯誤了？我們必須考慮其他的可能。東方是比我們所期待者前進很遠。東方九億人口，是覺醒了。」

蘇俄利用東方民族主義，並無意幫助東方民族的獨立與自由，而是利用東方民族的反西方殖民主義運動，乘機發展共產主義的組織和力量，來建立蘇維埃政權。這一陰謀策畫，自民國九年中共匪黨成立以後，依附我們國民革命來破壞我們國民革命，三十年的經過，就是最確實的證明。【後缺】

二、本晚（三日）下午七時，陳頌平在台灣銀行招待晚餐，在座都是安徽立法委員。

6月4日　星期二

上午十時安徽國民大會代表聯誼會舉行會議，推我主席。

（一）改選出席全國聯誼會幹事，鍾鼎文、章正綬、

陳協五、常法毅、李國彝、王子步、溫廣彝、
吳殿槐八位代表當選，並推鍾、章二代表為常
務幹事。

（二）改選本省聯誼會幹事，仍以吳忠信、凌鐵庵、
葛崑山、葛曉東、湯志先、方治、王進之、汪
祖華、趙執中、張宗良、溫廣彝十一代表連任
幹事。

6月5日　星期三

上午十時參加中央常務會議第三百六十四次會議，
總裁主席。先由第六組報告最近匪情，繼即討論針對匪
整風運動，由政府宣佈對匪寬大政策案。歸納總裁今日
指示有：

一、對朱毛匪幫整風運動，應成立小組，極積研究（每
一星期須有報告）。

二、認為匪幫農業集體化、工商業合營化都已失敗。
又因為有台灣，所以利用靠攏份子。

三、台北廿四日不幸事件，應由軍法審判。

四、速成立小組研究英國對匪解放禁運（認為這是政治
性的，與我們不利）。

6月6日　星期四

一、上午九時在紀律委員會接見教育部派赴美國文化
專員曹文彥、朱耀祖，派赴法國文化專員孫宕越。
曹係現任東吳大學校長，朱係現任教育部秘書，孫
係現任教育部高等教育司。

二、惟仁老太太請朱仰高醫師量血壓，高一百六十五，
　　低七十，我的血壓高一百廿，低八十，非常標準。
三、友人張知本夫人病故，我偕壽賢前往致祭。

現在國際形勢與我方不利

一、英國片面宣佈對匪幫解放禁運，就貿易言沒有多
　　大利益，乃是政治一種作用。美國雖反對，亦不
　　能使英國回心轉意。英國解放禁運，可能引起其
　　他國家紛起效尤，實與我國不利。
二、日本首相岸信介訪華回日後，向記者聲稱，在政
　　治他考慮不承認北平政權，在經濟觀點他不反對
　　促進中共的關係。岸信介說中國在太平洋戰爭之
　　後，對日本採取一種寬大態度，蔣總統具有把中
　　國大陸轉變成為自由中國的堅強決心。記者問岸
　　信介對于「兩個中國問題」意見，他說對中共問題
　　現正有兩個觀點，就是政治和經濟兩個觀點。我
　　們研究岸信介說話操縱雙方，從中取利。
三、越南華僑國籍問題，越政府強制我國土生華僑歸
　　化越籍，我政府堅持華僑自由選擇國籍原則，與越
　　政府經半年以上的交涉仍無結果，最後宣佈協助志
　　願回國的僑胞遷來台灣。至處理越南歸僑技術問
　　題，非常複雜。此事為海外一千三百萬所關切，其
　　成敗得失影響十分重大，我們外交無能可見了。
四、美國艾森豪總統在記者招待會中，曾對搗毀美國
　　大使館及傷害少數美國人的台北騷動事件，討論
　　他的反應，說此次絕不危害美國與中華民國友好

關係，雖然總統說此次騷動背後似乎有相當有組織情形，艾總統說沒有人向他建議重行檢討美國對一個記者所稱「兩個中國」政策。查五月廿四日台北不幸事件，是最野蠻、最愚蠢行為，等于滿清庚子年義和團的暴動，遺下無窮國恥。至美國謠傳此次事件似乎背後有組織，絕對不確。假定有組織，斷不會做出毫無意識搗毀使館之舉動，這是很明顯理論。當事件發生時，台北軍警林立，不能應付機宜，以至台北數小時內入于無政府狀態，使我國在國際觀念中引起惡劣之反應，對于內部亦威信掃地。我們要客觀檢討，如何轉移國際觀念、如何調整美國關係、如何團結內部安定人心，否則就似「山雨欲來風滿樓」是也。

6月7日　星期五

駐法大使館丁秘書于振調回外交部服務，本日午後在彥龍家與之見面。談及申叔在巴黎生活情形，認為申叔用費較大，並云申叔不擬即時回國，須要接濟。我託丁先生轉告申叔，我實無力供給申叔在巴黎之用費，希望他回台灣。申叔向丁先生借美金一百元，當即如數歸還。

6月8日　星期六

討論梁聲泰違反黨紀案

午後三時召開紀律委員會第五十九次會議（按紀律會慣例，每月在最後一個星期五開會一次），專為討論

　　紐約美洲日報總編輯梁聲泰于四月二十日，在該報發表十二項荒謬之「和平」社論。其中最荒謬者為「台灣暫由國民黨治理，長江以北各省暫由中共治理，長江以南暫由海外華僑及自由人士治理」，及「由國民黨、共產黨及海外僑胞自由民主人士各推相當人數組織臨時政府」，並請新由美洲回國中央常務委員谷正綱先生蒞會說明梁案見聞實情。谷氏認為梁聲泰犯重大錯誤，應受黨紀處分。經出席會議各委員詳加討論，個個發言，均認為梁聲泰擅發主張，違反國策，確犯嚴重黨紀。決議「梁聲泰開除黨籍」，始足以申黨紀而儆效尤。

　　查此案係由本黨紐約分部及駐美總支部先後呈請開除梁之黨籍，並決定在未奉中央核准前，先行停止梁聲泰黨權及免除其美東支部常委職務。

　　梁聲泰自白大意，謂和平謠諑愈傳愈多，默而不言，除非得計，而坐以待打，守而不攻，亦非事之所宜。乃因應環境，把握時機，用以毒攻毒宣傳策略，而向共匪大舉進攻，絕非為共匪和諧所愚。

　　駐美董大使五月七日來電略謂，梁聲泰撰述此類社評之用意與立場，一時自難辯明。惟在目前美國輿論尚未好轉之際，我處理任何事件，必須避免美國不良之反響，對渠本人更不宜予以嚴厲之處分，以免為反對政府份子所利用，而造成一小規模吳國楨案件之局面。梁所主持之報紙，刻已一再重申其反共愛國之立場，似亦不宜作不必要之干預，以免外界攻擊政府干預輿論。目前美國一般輿論對我尚欠友好，似應儘量設法避免予以任何刺激，而予以攻擊我政府之機會云云。此電係致中央

黨部張秘書長的。

查梁聲泰平時鋒芒太露，對同志與僑胞以及領館人員得罪太多，致招反對。然亦有一部份人士支持梁氏者。

我認為梁聲泰是一個少年有為之同志，又經本黨多年裁培，一但棄之，殊為可惜。然余為服從眾意，祇有開除黨籍。惟顧慮政治後果，將來此案提到中常會作最後決定時，仍當將董大使來電加以說明。

6月9日　星期日
【無記載】

6月10日　星期一

上午九時到木柵革命實踐研究院分院，出席四十五年度黨務工作會議開幕典禮。總裁親臨訓話，約一小時，其中有兩點更為重要：

（一）做事科學化，所謂科學化者，就是要實在、要客觀、要受得考驗。

（二）共匪整風運動對象是「官僚主義、宗派主義、主觀主義」，這是共匪內部矛盾與腐敗之表現，而用「和風細雨」的手段來整風，乃從來所未有者。至毛匪所謂「百花齊放，百鳥爭鳴」，這是違反共產主義。敵人失敗已成定局，我們要反省，有無官僚主義、宗派主義、主觀主義。

6月11日　星期二

中午十二時半到台北賓館，參加蔣總統招待總統府諮政及顧問七十餘人午餐。席間總統請諸同仁發表時局意見，有青年黨陳啟天先生發言，有「政治無人負責，亦無人敢說話」，並強調召開反共救國會議。陳氏此種說話，吾人應該注意予以檢討。

6月12日　星期三

上午十時參加中央三六六次常務會議，總裁主席，由谷委員正綱報告參加拉丁美洲反共會議之經過及訪美之見聞。據谷委員觀察美國：一、美國嚴防蘇俄，而避免與共匪戰爭；二、美反共怕戰爭；三、美認為蘇搞不通，希望右翼向左點，左翼向右點；四、蘇俄感危機正在轉變，因此鬆懈戰事準備；五、蘇俄極積的和平攻勢，我們的對策。

6月13日　星期四

一、上午十時到善導寺主持章嘉大師紀念冊事，與趙夷午、鍾伯毅、劉展一、李子寬、陳志賡等會商，請鍾先生主編。

二、中午十二時半到台北賓館，參加蔣總統邀宴政府五院正副首長、各部會正副主管、台灣省政府主席、委員、廳處長，以及其他黨政高級人員，計到一百一十人。

6 月 14 日　星期五

一、我于四月廿五日注射台省製「大補強力維雄」，原
　　擬如過去每隔兩個月注射一次德國製「特補蓋世維
　　雄」，深覺台省出品，不及德國出品效力，故于
　　今日（十四）提前注射台省製大補強力維雄。

二、惟仁老太太于十一日請附近醫師量血壓，高的一
　　百五十五，低的六十五，但心臟仍是衰弱。

6 月 15 日　星期六

　　【無記載】

6 月 16 日　星期日

　　大陸人民斥匪獨裁，使共匪陷于不安。毛匪澤東自
供從一九四九年至一九五四年間消滅了人民八十萬，這
是他欺世謊言，匪幫濫殺無辜何止千萬。此種古今未
有千萬人大屠殺，中外人士大感震動。茲有此項新聞
黏于後。

中央社紐約十四日專電

　　紐約時報封面刊載有關所傳中國大陸人民批評共黨
獨裁，已使匪幫陷於不安的華沙專電。該報駐華沙記者
葛魯生舉述一個駐北平的波蘭記者報導稱，在那裡，業
已眾口同聲，「對中國的社會主義表示懷疑，並且直接
攻訐無產階級的獨裁原則，以及共黨的領導原則。」據
葛魯生說，所謂北平「人民日報」最近在連載的四篇論
文中，業已號召匪幫宣傳家們對此項批評發動反擊。

中央社紐約十四日專電

　　紐約報紙今天多不放過毛匪澤東所招認的屠殺大陸同胞八十萬人的暴行，除紐約時報的報導外，其餘三家日報均有社論。每日新聞不相信毛匪的坦白程度，推想「中國大陸上的實際血債，至今為止必已有一千五百萬至二千萬人死於無辜。」美國人報對於毛匪若無其事的承認殺害八十萬人，表示「厭惡的震動」。紐約郵報則稱北平政權為「集體屠殺公司」，郵報說：毛澤東所承認的數字「可以視為一個驚人的最低數字」，該報專欄作家勒納提出警告「不可輕信毛澤東所承認的屠殺數字是完全正確，也不可認為其恐怖政策就此永告結束。」他說：「如果情勢轉惡，毛澤東照樣能隨時重採其至今所採取的冷酷政策。」

6月17日　星期一

　　上午十時到陽明山參加革命實踐研究院總理紀念週暨黨政軍幹部聯合作戰研究班第九期研究員結業典禮。總裁親臨主持，其訓話有：

（一）美國人批評中國人行政無能一個笑話，如一個牛拉一輛車，本來是牛拉車，後來變成車拉牛，其結果車、牛均不能動。

（二）美國人批評中國學生在學校成績比美國學生在學校成績高，但畢業後出校做事，則美國學生行政能力較中國學生行政能力來得高。這就是美國人學以致用，中國學生學成書呆子了。

（三）宣讀軍事哲學對一般軍官重要性小冊，並加以

說明。

6 月 18 日　星期二

一、友人丁治磐兄（前江蘇省主席）的夫人左瑩如女士于昨日病故，余于本日上午十時偕張壽賢兄到中國殯儀館致祭。

二、午後三時到國立歷史文化美術館參觀明代名家書畫展覽，有唐寅、董其昌、王陽明、文徵明、沈石田等十多名家書畫。

三、訪姚谷良先生，感謝姚先生于本月十七日出版中國一週刊物，介紹申叔作畫經過情形，題為「吳申叔畫譽滿巴黎」，文長另行記載。深覺姚氏文學很有根底，對于美術尤有研究。姚氏現任國民大會代表，兼歷史文化美術館研究委員會住會委員。

6 月 19 日　星期三

上午十時參加中央常務委員第三六八次會議，總裁主席。有兩個重要報告，分記于後。

一、關于越南華僑國籍問題，首先宣讀行政院俞院長書面報告，繼由外交沈次長口頭補充。報告大意是在越南出生、不願入越籍而志願回國之僑胞，政府協助其來台，其次序儘量先以十五歲以上在學青年選運，以免耽誤學業。從七月初分批接運，第一批派船三艘，約運一千八百人，預計至本年底可運五千人。現在已登記回國僑胞有四萬多人，但政府仍一面與越政交涉留越僑胞自由選擇國籍。

據外交部沈次長云，越政府已不能如期實行土生
華僑為越南國民命令，且一再延期，可以說越政
府已在讓步轉變之中。而且共匪亦表示旅越華僑，
應自由選擇國籍。總裁指示越僑國籍問題即照既定
計劃辦理，必要時撤回我駐越外交使節。

二、衛戍司令部軍法處報告，台北不幸事件，四十名
涉嫌人犯軍法審判情形，計分設三個法庭，昨已
審十九名，今日續開審，並有中外記者旁聽。總裁
指示以上月廿四日不幸事件案，一俟審判結束，
即照開黨政軍會議，澈底檢討，儘量發表見以期
改進。

6 月 20 日　星期四

毛匪澤東于六月十八日公佈二月廿七日在「最高國
務會議」演說「關于處理人民內部矛盾」，全文發表
後，美國觀察家認為矛盾煙幕後有經濟困難。這話是很
準確的。蓋共匪久已經濟困難，更加農合作化、工商業
合業化，其經濟已日趨破產階段。這是共匪生死關頭，
今後必定由經濟困難而影響政治，而影響軍事，而致總
崩潰，是共匪失敗必經之道路。

6 月 21 日　星期五

上午朱仰高量惟仁老太太血壓，高的一百六十五，
低的六十。我的血壓高的一百十五，低的六十。據朱云
夏季一般人血壓，都較冬季低。

6 月 22 日　星期六

韓境停戰協定廢止

　　駐韓國聯軍統帥部聲明，韓境停戰協定予以廢止。美國代表在坂門店停戰委會上通知共匪，並指斥共黨一再破壞停戰協定。美國防部宣稱，最新式噴射機立即移駐韓國，改進裝備，先僅限于駐韓美軍，至改進裝備韓軍，現亦在考慮中。韓共叫囂提出最強烈的抗議。我們認為這是美國明智之舉措，可使亞洲自由民主國家更為相信美國堅定明確的反共政策。

　　俄國海軍正在韓境停戰協定廢止之際，通過韃靼海峽入地中海，埃及政府從俄國獲得潛艇三艘。民主國家若不能有效的防制，將來發展是難以逆料的。

6 月 23 日　星期日

　　【無記載】

6 月 24 日　星期一

一、上午九時到實踐堂出席總理紀念週，由出國講學歸來的前教育部長、現任政大學教授程天放先生報告其美講學及訪問歐亞各國觀點。

二、羅敦偉先生的公子羅裕任橫貫公路工程師，不幸在羅東工次因公殉職，得年卅三歲。我偕張壽賢于本日上午十時，到極樂殯儀弔唁。敦偉先生係經濟專家，與我同在中國銀行任董事。

6月25日　星期二
　　【無記載】

6月26日　星期三
美國務卿評論毛匪「百花齊放」

　　美國務卿杜納斯在記者招待會中，對毛澤東所說的「百花齊放」，評論「有這人認為這話目的只是要一些不同的花抬起來，以便將他們砍掉」。杜說「必須等著看事實，這是一種圈套，或是真正表示將對不同意見作更大容忍」。我們認為這是設局，圈套離心份子，待得百花齊放後，磨刀霍霍向枝頭。

　　廿六日下午三時出席小組會，地點張岳軍兄家中。彼此交換國際形勢，認為于我方不利。

6月27日　星期四
一、上午十時到陽明山革命實踐研究院，參加婦女工作會第三次會議開幕典禮。
二、郭老太太本日係八十晉七誕辰，我親往慶祝。老太太身體康健，兒孫滿堂。

6月28日　星期五
　　午後三時在台北賓館主持紀律委員會第六十次會議，會後請各委員及紀律委員會工作同仁聚餐。

6 月 29 日　星期六

　　國民大會代表全國聯誼會憲法研究小組下午六時三十分集會，並聚餐。研究修憲問題，我表示茲事體大，應多多研究。因有事，未入席，先辭退。惟老太太請曾醫量血壓，高 150，低 60。

6 月 30 日　星期日

　　呂著青（咸）先生本日七秩華誕，在靜心樂園設壽堂，余于上午十時往賀。

共匪大屠殺
合眾社東京電

　　毛匪曾自承認已有八十餘萬人被處決，而近日周匪恩來又說，每六個人中被控為從事「反革命」，即有一個被處死刑。周說被判死刑，絕大多數是在一九四九至一九五二年之間宣判。據北平「新觀察」半月刊承認，患精神病者發展到驚人地步。據指出目前在河南、河北等省，患這種病人均在卅萬人以上，並說「人壓人、失業、貧困、歧視及惡劣的勞動條件，都是構成這種病的因素。」

　　大陸同胞被匪殘殺，無法統計其數字，而死于饑餓與天災更難統計數字。現在尚生存同胞日在饑寒恐怖之中，呼天無路，入地無門。此等無告可憐同胞受此災難，我表示萬分同情，萬分痛心，我們必須設法積極救援。

美國國務卿杜納斯發表重要演說

六月廿八日杜國務卿重要政策演說，其中重點有共匪係「過渡性」政權，美國決不予以承認，不與匪貿易，亦不容匪入聯合國。尤其說明如果對中共承認，其不良後果，將使反共大陸人民和海外華僑極大失望，將違反中美所締結聯防協定條件，將使太平洋上及東南亞、自由亞洲國家深感惶惑。甚至匪入聯合國，將種下毀滅世界和平種子，這些事件違反美國重大利益云云。查杜卿演說適值美國對匪政策已受到搖撼，以及各方要求與匪幫貿易之際，實為年來反共最強烈讜論。這也是美國重申對我「充分信義」，尤其我們應坦白檢討自己過去錯誤，拿出良心救國，莫以為杜卿演說為我撐腰，便可太平無事了。

7月1日　星期一

上午十時到大直國防大學參加七月份總理紀念週，總裁主席。其訓話大意，以五月廿四日台北市不幸事件，搗毀美國大使館，打傷大使館人員，是我們最大恥辱，最大責任。我們要澈底檢討，澈底覺悟，倘再出事，則我們生無立足之點，死無葬身之所。有人說總統說話太多了，誠然，應該說的話，總統都已一而再，再而三說過了，你們不能去做，總統問心可告無愧云云。總裁訓話很長，有一時半之久。我自從聽總統說話以來，如此沉痛，尚屬初次。

7月2日　星期二

上午十時到總統府參加七月份國父紀念月會，總統親臨主持。新任高級將領舉行宣誓典禮，計有總統府參軍長黃杰（原任陸軍總司令）、參謀總長王叔明（原任空軍總司令）、副參謀總長石覺（原任兵團司令）、陸軍總司令彭孟緝（原任參謀總長）、空軍總司令陳嘉尚（原任空軍副總司令）、台北市衛戍總司令黃鎮球（原任總統府參軍長）、第一兵團司令羅烈、第二兵團司令劉安琪。七月二日中午十二時半，于右任先生招待我們老同午餐。我近日小傷風，擬明日朱診治。

7月3日　星期三

上午十時參加中央常務委員會第七三一次會議，總裁主席。

一、第六組報告關于共匪「整風」運動之分析與心戰宣
　　傳方針。

二、討論「本黨第八次代表大會組織法」、「第八次代
　　表大會資格審查委員會組織規程」。

三、派陳劍如同志為港澳特派員。

至十二時散會。

7月4日　星期四

俄共內鬨赫魯雪夫獨攬大權

　　三日晚，克里姆林宮宣佈開革現統治蘇俄十一人共
黨主席團之三名最高頭目莫洛託夫、馬林可夫及卡加諾
維區，第四名被開革是共黨中央委會秘書謝彼洛夫，提
出紅軍領袖朱可夫為主席團委員。這是史達林死後最
大權力轉變，以上三人均為史達林左右手。莫等罪名是
「反黨」、「組職陰謀集團」、「反對糾正個人崇拜（指
史達林式一人統治）之錯誤與缺點」。

　　蘇俄政府繼黨方之後，不及廿四小時，即將莫等三
人逐出內閣。他們三人都是副總理兼部長職位開除。自
史達林死後，軍方勢力抬頭，任何要想權力爭奪，必須
得到朱可夫支持。馬林可夫殺死特務頭子貝利亞，是靠
朱可夫支持，赫魯雪夫打倒馬林可夫總理地位，也是靠
朱可夫支持。因此朱可夫從國防部副部長擢升為部長，
俄軍大權集中于朱可夫之手。現在朱可夫已進入俄共中
央主席團，今後莫斯科政權在實質上就是朱可夫代表的
軍部專政，也許有一天還要取赫魯雪夫地位而代之。

　　這次赫、朱合作，顯示將要向戰爭之途邁進，尤其

為求內部團結，至某種時機或冒險對外一戰。但在目前對外、對內策略運用，不外對民主國家加強冷戰與和平共存煙幕，對東歐附庸國一面安撫，一面拉攏狄託，對國內積極肅清史達林「個人崇拜」主義，拉攏農民，放寬控制，以收人心。

現在大陸匪幫發動崇拜毛澤東個人之際，而遭遇俄共攻擊莫洛託夫等犯了史達林主義「個人崇拜」錯誤，使匪幫感到難以措詞。此次有一個女黨員佛澤瓦，居然任主席團委員，實是俄國史無前例。宣佈莫等反黨，就是佛澤瓦。中國古訓「牝雞司晨」是禍亂根源來說，俄將崩潰預兆。

7月5日至6日　星期五至六
【無記載】

7月7日　星期日
今天係七月七日，是抗日二十週年紀念日，亦是無數血的完成這一部光輝歷史。現在反共抗俄，其複雜困難，不可與抗日相比。只要我們拿出團結精神，與堅強意志，任何複雜困難都可克服，終能鬥出一個勝利成果。

7月8日　星期一
上海銀行在美國存款解凍問題
上海商業銀行香港行係在香港政府注冊，有隨時發生隸屬問題，為便于台灣總行管轄起見，擬在美國另組

一個公司。即以香港行股票為該公司資本，再以該公司
股票所有權屬于台灣總行所有，如此則台灣總行指揮香
港行才有法律根據。美國政府可以同意在美設立公司，
但須自由中國政府保證。惟組織此種公司，內容複雜，
而公司組成後，辦理上海銀行在美凍結數百萬美金存
款，這又是組織公司關鍵之所在。行政院兩次向總統府
請示，均未蒙批准。嗣經外交、財政兩部長會商，提出
在美存款解凍後方案：「存在政府指定之銀行，用于反
攻建設之途」。經上海銀行負責人們在香港磋商，提出
修正案：「不流入匪區，使用時不悖乎政府之政策」。
此案經過年餘，未得結果，皆因人謀不臧。

7月9日　星期二
【無記載】

7月10日　星期三
俄共內鬨之分析

　　上午十時，參加中央委員會黨務會議第三七三次會
議，總裁親臨主席。聽取第六組關于俄共整肅事件研究
的報告，很有內容，但各報紙雖多記載，似多未週詳。
茲擇該報告重要部份分述于後，及總裁之指示。

一、整肅莫洛托夫等罪名，為反對減收徵購農民食
　　物，反對工業管理分散政策，反對與南斯拉夫和
　　好，及反對對奧和約等等外交政策，反黨，反對
　　糾正個人崇拜。

二、俄共中央主席團由由十一人增至十五人，新委員
　　中有七名均為著名赫魯雪夫幹部，加上赫氏個
　　人，證明在最高權力之主席團中站八人，已可絕
　　對操俄共最高權力機構。此次整肅後，老布爾什
　　維克在主席團只剩伏羅希洛夫與米高揚二人。此
　　事實表明俄共領導核心，已轉移于第二世代赫魯
　　雪夫之第三世代（新主席團委員之大部份，在史
　　達林時代均不過省級負責人）。新主席最值得注
　　意者另有兩人，一為朱可夫，一為米高揚。朱之
　　陸軍力量是赫魔發動整肅之主要靠力，赫魔能否
　　掌握朱酋，及赫魔將來對米高揚關係，均值得研
　　究的。就目前情形來看，將暫時維持以赫為首的
　　赫、米、朱三人的寡頭政治。

三、赫魔整肅莫等六人後即公佈命令，從明年起免除
　　農民將「私耕地」產物繳納政府。此一收買人心，
　　更受農民歡迎。但蘇俄農業危機為強迫「集體化
　　措施」，在集體農場中每家不到一英畝的土地佔
　　全國集體農場中面積廿五分之一，但其生產量則
　　為全國總生產的四分之一。過去蘇俄政府對此視
　　若眼中釘，想出種種辦法，冀圖加強集體農場之
　　耕作，但其結果完全失敗。預計今後蘇俄農民更
　　將拚命在其私有土地上耕作，忽視集體耕地，農
　　業危機勢將繼續存在。赫魯雪夫固以「集體領導」
　　為其「個人獨裁」，至過渡乃是走上政權削弱的過
　　程。自從史達林死後，就俄共整個情形來看，則
　　日趨衰弱，絕不能恢復史達林時代權威與威望。

在俄共內部造成不安，益趨嚴重。莫、馬等潛在力量必產生反共情緒，一旦變化，隨時均可爆發。因此今後發展如下：(1) 群眾革命運動；(2) 因個人獨裁引起新的再整肅；(3) 軍方在政治鬥爭中的影響將更加強。

四、對東歐附庸國家積極安撫，至對南斯拉夫可能改良緊張情勢。但南國不能放棄美國經援，自一九四八年以來接受美援達三億美元，為蘇聯無代取之事實。

五、對朱毛匪幫的影響，赫魔反史運動「個人崇拜」，已使毛匪本身受到困擾。目前毛匪處理內部矛盾的整風運動，與「百花齊放」、「百家爭鳴」，鬧得滿城風雨，收放不能。乃使匪幹與人民以及知識分子，對于共產主義、社會主義失去信心，發生動搖，對我大陸革命更為有利。真理報指出，「共產黨並非一個社會，而是工人鬥爭組織」，對毛匪「百花齊放」、「百家爭鳴」不啻為一間接警告。

六、赫魔鬥爭勝利後，必定積極採取「和平攻勢」，並非對民主家讓步，其侵略世界基本政策不會改變的。而西方政論家頗多推測，尤因朱可夫與艾森豪之關係，此一錯覺仍可造成美國之幻想。

七、蔣總裁聽取以上報告後的指示：赫魯雪夫獨裁不能長久的，蘇俄軍隊干政，趨于必敗之地。將來軍人當權、共產消滅，其時間，如世界沒有戰事，一年乃至三年可以實現。我們只要站得住，一定可回大陸。

7月11日　星期四

　　昨日下午五時出席小組會，地點王雪艇同志家中，選舉我為小組長。

7月12日　星期五

　　【無記載】

7月13日　星期六

一、十二日莫斯科電台宣稱，任何首領凡干涉蘇俄人民「向一種較富裕生活」邁進，及干涉爭取「和平共存努力」者，必須予以清除。

二、晚九時偕麗安到中山堂看黃清石歌舞團表演。黃係台灣人，其他團員都是日本人，尤其內中多是女性團員，其技藝又是採用中西兩方面技藝而組成者。

7月14日至15日　星期日至一

　　【無記載】

7月16日　星期二

一、監察院副院長梁上棟同志于七月十二日病故，本日（十六）在極樂殯館舉辦喪事。我與張壽賢兄都是致喪委員，故于本日上午偕壽賢兄前往殯儀館參加致喪委員會公祭。梁氏山西人，享壽七十一歲。

二、惟仁老太太請曾醫量血壓，高一百五十，低六十五。

7月17日　星期三

上午十時參加中央常務委員會第三七五次會議，總裁主席。首先第六組報告，關于共匪整風運動分析，及我心戰宣傳方針後，繼續討論第八次全國代表大會選舉修正草案。將原案代表名額三百名，因大陸工作處同志及海外華僑同志關係，增加四十名，共計三百四十人。

7月18日　星期四

蔣總統長孫公子孝文赴美入維吉利亞軍校。昨日午後二時，經國世兄偕孝文向余辭行。余勉勵孝文曰，你像貌好、身體好，最好是習陸軍，將來學成回國，望你救國建國。今日中午孝文飛美，余偕光叔兒到機場送行。

7月19日　星期五

崔書琴先生病逝

國民黨中央委員會設計考核委員會主任委員、現任立法院委員崔書琴同志，於七月十七日上午十一時四十五分，在台大醫院因患腦炎不治逝世。十八日上午十時，余參加崔先生治喪委員會會議。十九日上午九時，至極樂殯儀館參加崔先生公祭，當日舉行火葬。崔氏河北省故城人，生于前清光緒卅二年，今年五十二歲，出身南開大學，得美國哈佛大學博士學位，為我國國際法專家。歷任大學教授，所著「國際法」一書為我國大學課本，其他著作很多。我與崔氏在中央黨部同事三餘年有餘，深知崔氏誠摯坦率，學識豐富，對人和

靄，生活檢樸。現正有為之時，不幸逝世，中外友人莫不同聲悼惜，亦黨國一大損失。

歡迎反共義士（由我任主席）

十九日下午三時，歡迎由大陸經香港來台反共義士余德修、張雲路（二十歲）等十人，並藉此會歡送即將出國，參加德國國際合作科學會議溫代表廣彝、參加英國童子軍會議吳代表兆棠。此次茶會係由國大代表、立、監委三方召集者。

7 月 20 日至 22 日　星期六至一

【無記載】

7 月 23 日　星期二

連日天氣很熱，我家室內華氏表九十四度，這是本年最熱時間。

7 月 24 日　星期三

一、今日為邱昌渭兄逝世週年之期，上午九時舉行紀念儀式，我前往敬禮。

二、上午十時參加中央委員會第三七七次常務會議，總裁主席。財務委員會報告卅五年度黨營事業損益情形，各單位都有進步。總裁對電影事業表示不滿，主張將各製片廠合為一個廠，積極發展。

三、午後五時出席小組會，地點朱家驊兄公館，交換修改黨章意見。因本年十月即將召開第八屆代表

大會，中央已組織黨章小組，由中央常務委員陳雪
屏兄任召集人。我們特請雪屏兄參加我們小組織
會，向我們說明修改意見。惟修改黨章，各方意見
太多，很難一致。

四、本日天氣很熱，華氏九十六度。

7月25日　星期四

一、惟仁老太太于上午請朱仰高醫師量血壓，高一百
六十，低六十，脈跳七十二。據云一切良好，為近
年來最有進步之時期。囑德國治血壓針劑，每月仍
可注射兩次。可拉明要不時服用，其他藥品一律暫
停。我的血壓高一百二十，低六十。

二、下午四時主持第六十一次紀律會議。

7月26日　星期五

【無記載】

7月27日　星期六

沈維經兄偕上海銀行副董事長朱如堂兄來訪。據朱
云關于銀行在美國成立公司事（我于七月八日日記中已
有記載），行政院第三次呈請，又未蒙蔣總統批准。

7月28日　星期日

法國人說大陸殺戮無辜一千六百萬

法國記者蒲拉德在「如是云」月刊中說北平政權殺
害了五百萬所謂「匪徒」、四百萬「地主」、三百萬

「反對份子」、幾十萬「間諜」、三十萬「各種反革命宗教徒」、二百五十萬「其他人民」。又據法國遠東問題專家指出，共匪已殺一千六百萬中國人民。

7 月 29 日　星期一
羅夫人湘君女士五十冥壽

今日係農曆丁酉年七月初三日，乃是馴叔、申叔兩兒生母羅夫人湘君女士五十冥壽。羅夫人生于前清光緒三十四年（戊申年）七月初三日酉時，即西曆一九〇八年，歿于中華民國二十一年三月二十日上午九時零八分鐘，即農曆壬申年二月十四日，春分前一日，享壽二十有五歲。其致死病因，由于日寇發動侵華戰爭，于一月廿八日突襲淞滬，以致蘇州入于戰爭狀態，形勢緊張，人民紛紛疏散。我家因羅夫人懷孕已至臨產期間，不便疏散，深感困難，只得進入預定博習醫院待產。至二月廿八日午後六時二十分鐘，即農曆正月廿三日酉時生產一個肥大男孩（這就是申叔兒），大小人均極平安。羅夫人忽于三月三日發熱，當斯時也，忽聞敵人將佔領蘇州，且聞敵人隆隆大砲聲，尤以自開戰以來，敵機不斷擾亂蘇州，因此人心更感震動。醫院職員紛紛撤退，僅留少數醫生看護照料病人。羅夫人病勢日益加重，痛苦不堪。三月二十日晨四時病勢大變，不幸于上午九時零八分竟與世長辭（當時已有詳細記載，不再細述）。于四月五日（清明日）出殯，安葬于蘇州葑門外安樂園公墓。

光陰荏苒，日月如梭，今逢五十冥壽與逝世廿五

年，回憶當年，百感交集。羅夫人祖籍湖南衡陽縣，出
生廣西桂林縣。羅夫人為人忠厚，居家勤檢，胡天不
佑，竟使其短命若是耶。所生馴叔女兒，自中央大學畢
業後，留學美國，已在美國結婚，生三個外甥。申叔兒
身體衰弱，留法未回，雖不採余言，他自己應負責任。
但余對羅夫人則遺憾無窮，本日由惟仁老太太親自為羅
夫人誦經，聊表心意而已。

7月30日　星期二

【無記載】

7月31日　星期三

今日注射生化大補維雄。

為陳宗鎣、余宗玲證婚

本日午後六時為陳宗鎣先生、余宗玲女士證婚。陳
江西永新人，巴黎大學醫學博士，曾任國立中正醫學院
院長，現任台灣省立樂生療養院院長。余女士係故友余
幼紉先生女公子，余紀忠世兄胞妹。余小姐江蘇武進縣
人，四十五歲，杭州之江大學畢業後美國留學，曾任台
灣省立嘉義女子中學八年，現任教育部僑民教育委員會
專任委員。

8月1日　星期四

日本首相岩信介昨日鄭重告國會，重申反共立場，不承認匪偽政權，並警告人人注意匪幫滲透危險。

8月2日　星期五

【無記載】

8月3日　星期六

上午十時參加總統府八月份國父紀念月會，谷顧問報告。新聞一則黏于後。

中央社訊

總統府於三日上午十時舉行八月份國父紀念月會，蔣總統親臨主持，到陳副總統、各院部會首長及高級人員三百餘人，由總統府國策顧問谷正綱作「參加國際反共工作」的報告。他在報告中曾謂：「根據在各國所見的實際情形和各方人士談話所得印象，對於當前反共形勢，有以下兩點認識：（一）反共鬥爭是全面性的鬥爭，不是種族對種族、國家對國家、階級對階級的鬥爭，而是全世界或全人類愛好自由的人，反對摧殘自由的人的鬥爭，也就是自由與奴役的鬥爭。（二）國際反共形勢，漸趨高潮，這可以從自由世界的繁榮與團結，共產集團矛盾和弱點的暴露，東西鐵幕內革命運動的普遍發生，以及亞洲反共國家的日益壯大和日趨團結，來予以證明」。最後並謂：「我們當前的重要任務，一是團結亞洲人民反共力量，以解放亞洲共產鐵幕，一是團

結世界人民反共力量，建立反共聯合戰線，以消滅國際
共產的侵略。」

8月4日　星期日

七十七歲老朋友李石曾先生與田寶田女士（四十
歲，有說卅五歲）日前舉行婚禮，今日午後五時在台北
賓館舉行茶會，招待親友。我前往道賀，到客四百餘
人。新夫婦紅顏白髮，傳為一時佳話，社會批評很多，
見仁見智各有不同。余意此乃李、田私人事，不必有所
批評。

8月5日　星期一

一、上午十時到陽明山革命實踐研究院，參加總理紀
　　念週暨黨政軍幹部聯合作戰研究班第十期開學典
　　禮，蔣總裁兼院長親臨主持。其訓話大意，過去
　　研究院訓練中心「安定台灣，準備反攻」，但安定
　　台灣大致做到，今後應以積極準備反攻為中心。
　　繼即宣讀有關五二四件文告，並補充說明，強調
　　「無知無能」。

二、因合肥同鄉蔡炳炎君殉國二十週年事，袁交通部長
　　守謙、徐立法委員中岳于本日中午招待我等蔡氏
　　友好聚餐，有所商討。蔡炳炎係黃浦軍校第一期
　　畢，余任安徽省府主席時，派蔡為安徽省保安處
　　長，余辭主席時，蔡亦隨余辭去處長職務，表示
　　共同進退。未久由陳辭修先生（現在副總統）委為
　　旅長，于抗日初期戰役中，在上海殉難，遺有兒女

四人。今由黃浦軍校同學袁守謙、徐中岳、蕭贊育、同鄉吳忠信、金幼洲、陳紫楓、上海戰役中同事趙志垚差商結果，由袁守謙在軍校同學募乙萬元、趙志垚募伍千元、安徽同鄉募伍千元，共二萬元為其子教育經費。

8月6日　星期二
【無記載】

8月7日　星期三
上午十時參加中央常務委員會第三八〇次會議，總裁主席。其議程有：

一、聽取「中國青年反共救國團書面工作報告」，繼由該團負責人蔣經國同志作口頭補充報告。末由總裁指示：
　（1）青年團「服務精神」要以貧窮人民為主。
　（2）青年團「合作精神」要如一個完全機器。
　（3）青年團要使社會有好觀感。

二、本年十月將召開第八次代表大會，關於修改黨章小組書面報告，此案關係非常重要。總裁指示有：
　（1）研究人家說我們「黨天下」問題。
　（2）黨要有「彈性」，黨的組織範圍擴大。
　（3）「總裁制」應研究是否相宜，使人看來不是「獨裁」。
　（4）可同意黨章研究小組主張，普通黨員與幹部黨員有分別，就是「普通黨員從寬，幹部黨員

從嚴」。

三、討論台灣省政府改組案，一致通過主席嚴家幹呈
　　請辭職照准，調任行政院政務委員。所遺台灣省
　　主席職務，以周志柔繼任（周現任中央黨部常務委
　　員及國防會議秘書長）。

8月8日　星期四

上午十時，龔理珂兄介紹警務處陳文清、台北市警
察局第六分局長莊亨岱來見。陳副處長擬活動台灣省府
廳長職務，擬請我向當局進言。

8月9日　星期五

【無記載】

8月10日　星期六

今日農曆七月十五日，一年一度「中元節」，俗稱
為「七月半普度」，也就是「鬼」的大節日。家家戶戶
舉行盛大拜拜，甚多商店下午即行歇業，設壇祭拜，大
擺筵席。即以台北一市而論，殺豬一千六百餘頭，魚
市場銷魚十萬公斤以上。但祭祀祖先表示子孫孝思，超
渡孤魂，雖難免涉于玄虛，無如壞在過分鋪張，致起颷
風，酗酒滋事，擾亂安寧。尤其大規模舉行普渡，公開
宣傳迷信，實屬防礙社會進步。

8月11日　星期日

惟仁老太太請曾醫量血壓，高 160，低 65。八月五

日曾量一百六十，低六十。查曾、朱兩醫量血壓表向來
有十度之差，如曾量一百六十，朱量一百七十。

8 月 12 日　星期一

上午九時中央委員會舉行總理紀念週，由我主
席，由馬超俊同志報告我國勞工運動與共產匪黨鬥爭
之經過。

8 月 13 日　星期二

上午十時偕惟仁老太太請朱仰高醫師檢查。據云
老太太心臟較去年好，高血壓 165，低七十，主張德國
針每半月仍用一次，可拉明須每日服用。我的血壓高
一百二十，低七十。

8 月 14 日　星期三

一、上午十時參加中央委員會第三八二次常務會議，
討論台灣省政府改組，各廳長、委員人選。上星
期三已發表准嚴主席家幹辭職，以周志柔繼任
省主席。本日常會通過以唐縱為省府秘書長（新
任）、民政廳連震東（新任）、財政廳長陳漢平
（舊任）、建設廳長朱江淮（新任）、農林廳長金
陽鎬（舊任）、教育廳長劉真（新任）、糧食局長
李連春（舊任）、保安副司令李立柏（舊任）。以
上各員均係省委兼任，其他委員十二人，有七人
係舊任，五人係新任。當此案提出討論時，張秘
書長厲生與周常委志柔均發言，稱劉真不願任教

育廳長，如總裁命令，祇有服從。陳常委誠說，劉真任師範大學校長很有成績，他不願任教育廳長，仍任師範大學校長為宜。繼陳之後發有張常委其昀（現任教育部長），他說既經決定，可以不必改變，好在師範大學歸台灣省政府管轄者。遂經常會表決，一致通過新省府廳委人員名單後，陳常委仍說劉真既不願做廳長，為什麼一定要他做。張秘書長接著說，已表決了，不必再說了。就我旁觀，劉任教廳，頗為免強。本日又決定考試院考選部長史尚寬辭職照准，遺缺陳雪屏繼任。總裁讚揚史氏為人爽直，可在黨部派工作（總統府張秘書長說，史氏將發表總統府國策顧問）。

二、下午五時到賈公館出席小組會議。

三、同鄉許靜仁（世英）老先生今日八秩晉五華誕。由我與張羣、于右任、莫德惠、張昭芹、賈景德等六人，于本日（十四）下午五時卅分至七時在貴陽路靜心樂園為設茶會，舉行公祝。

8月15日　星期四

【無記載】

8月16日　星期五

李崇年夫人近日身體不適，發高熱。請名醫江渭倫診治數次，據云係膀胱發炎，絕對有把握治愈。昨日午後六時，崇年感覺病勢不退，發生懷疑，託我請朱仰高醫師研究。我立即囑光叔兒請朱到李家診治。朱斷定是

急性盲腸炎，已潰膿，並已蔓延腹部發炎。崇年問朱醫
是否有百分之七十是盲腸炎。朱答曰百分之九十以上，
趕快請外科醫生開刀。據外科醫生云是急性盲腸與急性
腹膜炎。立即進醫院開刀，割去腐爛盲腸，又在腹膜割
去一個膿包，倘不即時用手術，則生命危矣。江醫為何
如此疏忽，朱醫經驗過人，令人佩服。

8 月 17 日　星期六

陳宗鎏、余宗玲夫婦在新莊鎮塔寮坑樂生療養院院
長寓所（陳係院長）招待晚餐。我于午後六時前往，未
入席，先辭退。

8 月 18 日　星期日

老同志立法委員王化南（秉鈞）本日七十華誕，在
實踐堂舉行酒會，我于上午九時前往慶賀。

8 月 19 日　星期一

上午十時到陽明山參加革命實踐研究院總理紀念
週。總裁主席，其訓話大意有：
（1）即將選舉第八次代表大會代會，望諸同志舉出黨
　　　中人才。
（2）就最近一月國際形勢觀察，毛匪與倭寇內部都已
　　　動搖，蘇俄、美國均畏戰，但到最後還是要戰爭。
（3）宣讀「行政管理」小冊孜。

8月20日　星期二

【無記載】

8月21日　星期三

一、上午十時參加中央常務委員會第三八四次會議。
　　討論擬在泰國曼谷籌辦報刊，原則通過，至關于
　　人才與經費另擬定。

二、惟仁老太太請曾醫量血壓，高 180，低七十。這是
　　最近一次最高血壓，應特別注意。

8月22日　星期四

　　惟仁老太太本日注射德國平血壓針劑，再請曾醫量
血壓，高 160，低 65。過去兩日，老太太血壓波動，頭
部發量，精神不振。惟何有此波動，可能注射德針時間
隔離過久，抑或天氣太熱之故，或少用強心可拉明。

8月23日　星期五

　　上海銀行副董事長朱如堂兄本日回香港，我與張壽
賢兄于上午八時卅分到飛機場送行。關于上海銀行擬在
美國設立公司，以及將來辦理在美國凍結存款解凍問
題，因政府與行方主觀意見各有不同，頗感不快。經過
很長時間與困難，最後雙方磋商結論三項原則，先由上
海銀行董事會（我是董事之一）通過，再請政府正式批
准，由政府通知美國先設立公司。其三原則如下：

一、本行總行設于台北，所有一切業務，自當遵照政
　　府法令辦理。

二、本行總行申請在美註冊設立之公司，將持有香港
　　上海商業銀行之全部股權，同時即將該在美註冊
　　公司全部股權交由台北總行持有。
三、本行總行在美被凍結之資金，日後如能解凍時，
　　當以現金之一半存入紐約中國銀行。嗣後全部資
　　金之存放運用，並當遵照政府政策辦理，勿使流
　　入大陸匪區。

8 月 24 日　星期六

　　下午五時參加裕台公司第七屆第二次董事會，討論
關于本公司組織華僑投資建設服務部，以本公司總經理
洪軌兼任該部主任。

8 月 25 日　星期日

　　同鄉章魯泉（之汶）現任聯合國糧農組織遠東區農
業顧問，兼國際稻米協會執行秘書，辦公地點在泰國首
都曼谷，本日飛返曼谷，我偕光叔兒于上午八時卅分到
機場送行。魯泉係皖省來安縣人，現年五十七歲，性情
和平，辦事熱心。在陸時張家與我家同住南京徐府巷，
相處極為融洽。大陸撤退，張家到曼谷，我家到台灣。
魯泉在金陵大學習農業，畢業後留學美國，回國後即在
金大任教，嗣任農學院院長。魯泉學問淵溥，桃李甚
多，人多稱贊，實為不可多得之人才。

8 月 26 日　星期一

一、同鄉蔡丙炎兄殉難廿週年（詳情已載本月五日日記

中），本日在善導寺誦經。我于上午九時前往敬
禮，並送誦經費五百元，聊表心意。

二、午後三時出席皖籍國大代表、立法委員、監察委
員同鄉聯誼會，討論香港調景嶺安徽難胞募捐
事，決定自由捐募。又討論國大代表方治出席本
年聯合國大會事，決定定期開茶會歡送。

8月27日　星期二

一、農曆八月初二日係麗安五十二歲生日，昨晚我們
在家吃麵。

二、國民大會代表張岳軍奉派將訪問日本，又國民大
會代表胡適、周謙沖、王雲五、馬星野、方治
（胡、周現在美國）五人奉派參加第十二屆聯合國
大會。國民大會同時五位代表出席聯合國代表團，
又一位代表國家赴日本，乃前所未有之盛事。本日
午後三時卅分在中山堂堡壘廳，由國民大會聯誼會
舉行茶會歡送。推我主席，致開會詞，張、王、
馬、方四代表先後發言。至五時歡散，參加茶會
約三百餘人。

三、午後八時應教育部張部長其昀約，至國立藝術館
參加國際馳名中國留美聲樂家斯義桂先生獨唱
會。斯氏以其深宏的音量，寬廣的音域，唱出多
種情緒，使聽眾為之鼓舞。其伴奏為斯夫人，歌
聲與琴聲同獲高的評價。香港報紙報導，斯義桂
先生能以婉轉歌喉表達歐洲名歌的韻味，欽譽全
球中國男低音，實際上斯氏能用中、英、法、

德、俄、義六國語言歌唱。

8 月 28 日　星期三

一、惟仁老太太近一星期中血壓波動，很不正常，精
　　神大為不振。本日上午九時請朱醫治，高血壓
　　一百八十，低五十以下，這是近二、三月來少有
　　現象。朱認為是心臟問題，仍主用過去所用針
　　劑，並力主不斷服可拉明，安眠藥暫停。

二、午後五時至衡陽路一〇二號出席小組會議，由何
　　雪竹同志主席，遂便交換一般社會意見。

8 月 29 日　星期四

　　惟仁老太太下午六時請曾醫量血壓，高一百八十，
低七十五，深感四支無力。往看崇年夫人病，現已出
院，日漸全愈。

8 月 30 日　星期五

　　下午四時主持紀律委員會第六十二次會議。張副主
任報告前經紀律委員會決議梁聲泰開除黨籍案，呈報中
央常會，認為有所顧慮，擬改為停止黨權，現正呈報總
裁作最後決定。

8 月 31 日　星期六

一、惟仁老太太請曾量血壓，高 170，低 70。近來血壓
　　波動，可能吃安眠藥影響，抑或未注射維他命，
　　與夫注射德製平血壓針距離日期過久。

二、馬來亞聯邦今獨立，一個新君主立憲國誕生，英
國一百七十年統治，于焉終結。馬來亞六百零五萬
人口中，巫人（即馬來人）佔其半，華人佔百分之
卅八，其餘為印度及少數歐洲人。惟馬來亞人在憲
法上有特殊地位民族，如以回教為國教，以馬來語
為國語，及不承認雙重國籍等等不平憲法，這是馬
來亞以外民族所不能接受，亦是英帝國遺下無窮禍
害。當前馬來問題，就是自己負剿共責任。

9月1日　星期日

一、新任台灣省政府教育廳長劉真（白如）上午來訪。
　　談及關于出任教育廳長經過，為顧全大局與服從
　　總統命令，雖不願擔任，亦只好免強擔任。劉任
　　師範大學校長有九年之久，頗有收獲，深得各方
　　好評。本日將師大校長交代理校長杜元載先生接
　　收，杜原係師大教務長，法學博士。

二、下午三時出席本黨國民大會黨團第九小組改選小
　　組長會議，我仍選趙執中為組長。

9月2日　星期一

　　下午中央委員會因本黨第八次全國代表大會定期召
開，特于下午四時在中山堂光復廳，約我等中央評議委
員舉行座談會。先由張秘書長屬生報告代表大會籌備情
形，由陳常委雪屏報告修改黨章情形，由谷常委報告起
草政綱情形。他們三人報告約一小時卅分之久。繼之發
言有評議員李石曾、閻錫山諸先生。我最後發言，大
意有：

一、說明革命精神是本黨傳統精神，就歷史過程中看
　　來，每次有革命精神即成功，無革命精神即失
　　敗。現在台灣只有數十萬軍隊，要對大陸敵人數
　　百萬軍隊，若無革命精神，是不能打回去的。

二、黨章如同憲法，亦就是法律，倘認為法有未善，
　　如運用適宜，亦可變為善法，否則運用失宜，善
　　法亦可變為不善。根本一句話，重在力行。

三、總裁指示，有人批評我們黨天下，又指示黨章要

彈性，以及總裁制是否相宜。諸位同志應該照此
指示研究，不要說某人主張要修改，某人主張不
修改，而生芥蒂（因為盛傳有此意見）。
四、所擬政綱我認為文字太長，又僑務關係非常重要。
座談會至七時完畢後，舉行聚餐。

9月3日　星期二

九月三日軍人節，舉行秋祭陣亡將士典禮。上午十
時總統親臨圓山忠烈祠主持，我們出席參與祭典。

9月4日　星期三

上午十時參加中央第三八六次會議，總裁主席。決
議十月十日召開第八次全國代表大會，伊拉克大使陳
質平兼約旦大使，丁樹中為中央黨部第二組副主任。
又關于政府所經營各電影製片廠太無進步，應改為民
營，由黨收購。總裁指示，我們人才缺乏，應與香港
影廠合作。

9月5日　星期四

余肚瀉並嘔血

今晨三時半忽肚瀉，胃痛，先嘔吐食物，再嘔吐鮮
血，家人恐惶。至黎明時，光叔兒請朱仰高醫師來診
治。據朱云因嘔吐過分震動胃部，將一小血管掙破，決
無問題。余深知致病之因，乃是飲食太多，太複雜，尤
其是月餅。

9月6日　星期五

　　昨、今兩日服藥與休息，胃腸漸次復原，甚佩朱醫經驗深，認病準。回憶清光緒卅一年（乙巳年）余二十二歲，至北方參觀軍隊，由上海乘招商局輪船往天津（初次航海）。途中（行六日）遇大風，余暈船嘔吐過甚，先吐食物，再吐黃水，最後吐稍許紅水。此次嘔吐滿口鮮血，誠為生平第一次。所謂病從口入，余老矣，再不能如此大意。今後必定隨時隨地予以特別小心，以此次為警惕。

9月7日　星期六

　　【無記載】

9月8日　星期日

一、今日農曆八月十五日中秋佳節。唐詩云「舉頭望明月，低頭思故鄉」，如今由大陸來台同仁已經八年有餘，所有精神與生活日在低落中。誰人不思故鄉，誰人不想返回大陸（尤其是老年人）。只靠想是不行的，還要人人奮發有為精神，才能達此目的。

二、昨日下午四時，中央直屬區部在中山堂舉行黨員大會，選舉出席本年召開第八次全國代表大會代表。余病初愈，正在休息，只好勉強出席。當即票選周宏濤同志為代表。

三、周昆田致申叔函

　　九月二日上午余出席紀念週，遇見新自歐美視察

僑務歸來鄭彥芬同志。他說在巴黎大使館看見申叔，知道申叔經濟拮据，他（鄭）已與大使館陳代辦商有辦法，請老先生（我）不要管等語。余表示謝意，因時匆促，未及與鄭多談。本日（九月八日）由昆田將鄭氏談話轉告申叔，並告申叔我以在黨的關係，對他們極表感謝（意在我與鄭、陳等都是黨的同志，幫忙我的是可以接受的，亦是要申叔重視黨），並問如何幫忙云云。

9月9日　星期一

安徽國民大會代表方治（希孔）行將赴美出席聯合國大會，皖籍國大代表、立法委員、監察委員本日午後三時舉行茶會歡送方氏。余任主席，先致開會詞，繼由方代表以及其他代表發言。並致胡代表適之慰問函乙件，由各出席茶會同鄉聯署。至五時歡散。

9月10日　星期二

一、于右任先生日前約我見面，我今晨晤往晤。據云他的大公子望德現在台北，望德家眷四人在美國生活問題，請我設法向當局說話，在美國方面予望德一個位置。我允幫助，並告于先生擬請張壽賢兄幫忙研究。于曰好極了。

二、白健生（崇禧）談回教協會事

白健生（崇禧）日前右腿跌傷，不能出門，約我見面，我今日上午往晤。據云「他任回教協會理事長已廿餘年矣。查回教協會係于民國廿七年抗日

期間，奉總裁蔣公命成立者，當時回教協會舉行開幕典禮時，總裁親臨主持。當時回教協會並在內政部正式立案，在中央政府所在地設總會，各省市設分會。大陸淪陷，隨中央遷來台灣，本黨中央委員會扶植蕭永泰組織中國回教青年反共建國大同盟。繼改為中國回教青年會，並由中央支持成立台灣省回教會台北市回教分會，與內政部法令牴觸，最近監察院曾提出檢舉，有案可稽云云。」白又云「現值中東多事之秋，中央正注重爭取回教友邦打擊共產國際，尤宜加強回協會務，配合反共國策。今以受蕭永泰牽制，迭向理事體辭理事長職務，未蒙允准。因協會係奉總裁命成立者，所以將辭理事長經過報告總裁等語。」白最後云請禮卿先生再將此種情形報告總裁。我允俟有機會，自當代轉呈。

三、惟仁老太太九日上午請曾醫量血壓，高的 180，低七十。蓋新秋以來，血壓總是不正常，心臟亦不正常。麗安請曾醫量血壓，高 120，低八十。

9 月 11 日　星期三

上午十時參加中央常務會議，張秘書長口頭報告四十五度工作成果，約四十分鐘。現在黨員五十萬九千八百六十四人，軍人佔百分五十點二，公教人員佔百分十八點零四，其他屬于農工商學各界。第六組書面報告「共匪整風及反右派鬥爭後對內控制影響之分析」。總裁指示：

（1）現在蘇俄與共匪關係如何，外國人對共匪有兩種
看法，就是共匪不能離開蘇俄，與共匪可變為
狄托。

（2）現在毛匪壓迫右派鬥爭，應研究其最後結果
如何。

9月12日　星期四

　　李先良兄昨年赴美研究市政，日前回國。據云在美
與庸叔多次見面，庸叔讀書成績很好。喬治亞理公學院
有學生八千人，內有六十名是優等生，庸叔就是六十人
中之一人。庸叔所選學分特別多，為該院史無前例。該
院每年分四個學期，而庸叔去年暑期考入該院，不分寒
暑，一口氣讀五個學期，亦為該院奇蹟。今再讀兩個學
期（明年春季），即可大學畢業。

9月13日　星期五

惟仁老太太七十晉四誕辰

　　今日係農曆八月廿日，惟仁老太太七十四歲生日，
仍照往年由和純、世祉、襄叔、伯瑞、抱石等數人于中
午舉行團聚。老太太今年誕辰，身體較去年誕辰好。切
好本日申叔寄到賀壽片，老太太非常歡喜。

9月14日　星期六

　　惟仁老太太上午請朱醫診治，高血壓一百九十，低
七十，此乃五個月以來最高一次血壓。擬每一星期用兩
次德國針與心臟賀爾蒙，每日服可拉明，每晚用安眠小

丸藥與心臟小丸藥各一粒。兩星期再去復診。我的血壓
高一百卅五，低七十，極良好。

9月15日　星期日

為蔣老太太祝壽

農曆八月廿五日係蔣老太太六十九歲誕辰，擬明日
離開桃園往他處避壽。惟仁老太太與蔣數十年老姐妹，
因心臟不能乘長時間車，所以囑我于本日午後前往桃園
為老太太預祝，並酌送壽禮。

有關庸叔學費問題

庸叔學費係由陳光甫兄轉請孫瑞麟兄代為保管。孫
最近致陳函云，庸叔讀書成績好，用費較多。庸叔、光
叔弟兄前在福羅尼達大學獎學金二千元，因庸叔已不入
該校，而光叔來美無期，擬將此二千元取出，連同庸現
在美用款存摺，一併交庸叔手收云云。經家中會商，擬
將此二千元仍由孫保管較為妥當。茲復光甫函如後。

頃由沈維經先生轉示大函，及孫瑞麟先生一箋，備
悉種切。小兒庸叔在美讀書，多得吾兄指導及瑞麟先生
協助，時深感荷。據聞彼成績尚可，明年即可畢業，此
種成就亦皆吾兄及瑞麟先生之所賜也。庸、光弟兄在福
羅之獎學金二千元，如已取出，擬仍請瑞麟先生代為保
管。其存摺用餘之款，可即交庸叔，統煩轉致為幸。銀
行在美設立公司事已圓滿辦成，甚足欣慶。此間氣候已
涼，台駕如能來此小住，尤所企盼。

弟吳忠信　九月十五日

9月16日　星期一

一、上午十時到大直國防大學參加總理紀念週，總裁
　　親臨主持。惟請曾量血壓，高 170，低七十。

二、午後偕抱石遊公園，並到抱石家訪問。

9月17日　星期二

　　【無記載】

9月18日　星期三

　　上午十時參加中央常務委員會第三九〇次會議，總
裁主席。仍係討論第八次全國代表大會有關「黨章修
改」、「政綱草案」、「反共抗俄時期工作綱領」。總
裁指示大意如後：

一、評議委員職權加強，如有關黨紀、政策等事。

二、國族團結，訂定適當治度，但須議會通過。

三、一省光復，准予自治，不能發空頭支票。

四、提高尊重軍人地位。

五、特別注重華僑。

六、反共救國會議可在政綱中第卅四條加強（意在不正
　　式提出該會議，我認為是對的，不發空頭支票）。

七、黨員與幹部要有分別，應訂幹部守則。

八、軍事行動開始，只說反共復國，不說抗俄。

9月19日　星期四

為合肥同鄉唐盛鎬君主婚

　　合肥同鄉唐盛鎬君、程曼蓮小姐，本日午後四時在

台北市新生南路天主堂舉行結婚典禮。男方無家屬在
台，因我與唐府有世交關係，特請我為男家主婚。女家
主婚人係程小姐父親敦民先生，介紹人係同鄉虞克裕、
張宗良兩先生。典禮完成後，在中國之友社舉行茶會，
我簡單致詞。唐盛鎬合肥西鄉人，年卅七歲，中央政治
大學畢業，因習俄文派赴我國駐蘇大使館服務。嗣赴美
國深造，得博士學位，在美國任大學教授，是蘇俄問
題專家，此次應新聞局邀由美返國。新娘程曼蓮合肥
人，年廿二歲，現服務于美軍顧問團。唐博士因開學
在即，擬于廿一日先行飛美，程小姐因準備不及，稍
緩飛美。

　　本晚在陽明山閻錫山先生家中舉行小組會。

9 月 20 日　星期五

　　蔣總裁在台北賓館舉行中央評議委員會談，並聚
餐，由張秘書長報告第八次代表大會籌備情形。

9 月 21 日　星期六

一、上午十時偕惟仁老太太，到中山北路三段武昌新
　　村（或曰五常新村）卅三巷三弄三號緯國寓所看蔣
　　老太太。兩位老太太見面非常快慰。尤以緯國新
　　夫人邱女士接待長者很有禮貌，甚為難得。
二、本日中午注射本省製生化荷爾蒙。

9月22日　星期日

蔣老太太偕其兒媳邱女士訪問惟仁老太太。

9月23日　星期一

于右任先生日前告我，他的兒媳與兩個孫兒、一個孫媳，一共四人均在美國，生活困難，託我設法為大公子望德在美國謀一個位置，以維持兒孫生活。查望德歷任南美公使，嗣任巴拿馬大使，與館員發生衝突，調回外部，迄今數月，尚未與外部當局見面。于老先生於廿日又致我親筆函，義意甚深。我對于先生十分同情，當盡心竭力為數十年老友幫助。茲將于函錄後。

禮卿我兄：

近年以來，深蒙諸事關垂，至為知感。久相契重，今各白頭，仍望時賜教言，俾無誤失，是所盼也。即頌時祺

于右任上言　九月廿日早

9月24日　星期二

農曆閏八月與彗星之記略

農曆（陰曆）閏八月在歷史上很多，就清代而言，咸認為閏八月或閏七月是一件不詳的事件，很犯忌諱，所以那時候民間有「閏七閏八，皇帝該殺」之諺語。尤其閏八月大家都覺不習慣，憶清代閏八月之時期，有：一、咸豐元年（辛亥，即一八五一年）；二、同治元年（壬戌，即一八六三年）；三、光緒廿六年（庚子，即一九○○年）。在這三個時期時局皆非常不好，咸同年

間，承洪楊捻匪之亂，整個社會動盪不安，且值咸豐皇
帝駕崩，及庚子年又發生拳匪之亂。今年（四十六年）
亦閏八月，乃係民國以來第一次，因此傳說紛紜。

再說彗星在歷史上不計其數，俗稱掃帚星。顧名思
義，令人討厭，不受歡迎，其出現往往為不吉之兆。
據我親眼所見，印象最深的，要算遜清宣統二年（庚
戌，即一九一〇年）秋天所出現的彗星。其時我駐軍鎮
江，于每晚深夜時輒望見彗星大小四、五個不等，頭小
尾大，頭向東南，尾向西北，真是驚心怵目。且黎明以
前，忽又隱而不見，如此時現時隱者，差不多鬧了個把
多月（年久記不清時間）。翌年即辛亥年，遂起大革
命，推翻滿清。今年（四十六年）在陽曆八月間，亦有
彗星發現，引起一般注意和推測。

於此我有一種看法，今年閏八月和出彗星，證諸過
去的事例，是對滿清不利的，於我們革命黨有利，衡以
現在的情形，應該還於我們有利的。但目前科學昌明，
閏八月和出彗星，究屬科學自然現象。

9 月 25 日至 26 日　星期三至四
【無記載】

9 月 27 日　星期五
下午三時主持紀律委員會第六十三次會議，今日案
件很少。

9月28日　星期六

一、我上午十一時到總統府參加先師孔子二千五百零
　　八年誕辰紀念，蔣總統親自主持。蔣夢麟先生作
　　專題報告，講題是「孔子學說與中國文化」，他將
　　孔子學說，多為天與人、人與人、人與物三方面。

二、潘佑強女公子本日中午舉行訂婚禮，請我作證。

9月29日　星期日

　　為程承德君、舒慶雲小姐證婚。程係安徽休寧縣
人，年卅七歲，舒係上海市人，年卅一歲，程、舒二人
均在台北市稅捐稽徵處服務。我與程、舒二家素不認
識，係金幼洲、張宗良代請為之證婚。結婚地點靜心樂
園，時間下午五時。

9月30日　星期一

一、中午李石曾先生約我與徐次辰、謝冠生便飯，談
　　世界書局事。該局屬于世界社，李石曾先生任書局董
　　事長，楊家駱先生任書局總經理，我亦是由李先生聘
　　為該書局名譽董事。現李、楊發生糾紛，李要調換楊
　　總經理，擬自兼總經理，楊取反對態度。李先生報告
　　經過情形，決心去楊。我主張勸告楊氏，當即決定請
　　黃季陸先生訪楊氏。該書局內容十分複雜，而楊氏
　　又李氏素來所親信者。至下午三時始散。

二、下午三時出席復興美術工藝職業學校董事會議，
　　因事先退。據聞此次招生成績欠佳，而經費又發
　　問題。

10月1日　星期二

一、昨日上午惟仁老太太請朱仰高醫師診治，高血壓一百九十，低五十，朱仍治以平定血壓。惟老太太近來頭時痛，晚間請曾量血壓，高一百七十，低六十五。為何上、下午相差如許之多。

二、殷光霖世兄在台大任助教，已得加拿大大學兩年獎學金，即將前往深造，讀碩士學位，惟旅費不敷，請我幫助。我允盡力予以幫助，擬籌台幣乙千五百元。

10月2日　星期三

一、上午十時參加中央第三九五次常務會議。總裁最後決定修改黨章案，最重要而爭論最激烈之第二條「革命民主政黨」仍保留，第四條「民主集權制」則除去。總裁又說關於讀總理遺囑，可改為讀遺教。

二、午後三時徐君佩偕其夫人盧孰競女士過訪。因君佩已在立法院已當選本黨第八次全國代表大會代表，擬競選中央委員，託我幫助。

三、午後五時在上海銀行開小組會，由我主席，並備茶點。

10月3日　星期四

　　【無記載】

10月4日　星期五

下午七時卅分偕光叔參加三軍軍官俱樂部劇院開幕典禮及平劇晚會，至夜十一時半散會。

10月5日　星期六

【無記載】

10月6日　星期日

蘇聯發射人造衛星

美聯社紐約五日電，蘇俄發射人造衛星三度飛越美國上空，距地面五百六十英里之高度，環繞地球一週時間一小時又三十五分。

美國科學家稱俄雖發射人造衛星，目前不致影響東西軍方均衡。美科學家要求俄國發表實驗詳情。這件事是俄國科學領先，美國落後。有關俄人造衛星之資料剪黏于後。

關於俄人造衛星之資料

重量一八五磅　時速一萬八　千哩

美聯社紐約五日電

關於蘇俄人造衛星若干適當的事實如下：

發射時地——四日某時於一秘密地點，用多節飛彈帶入繞地球之軌道。

大小——直徑二十三英寸。

重量——一百八十五磅，較美國類似的人造衛星重九倍。

　　速度——據俄國報導：時速一萬八千英里，以一小時三十六分二秒之時間繞地球一週（今日格林威治十三點四十分經過費城，在其第二次繞地球一周的行程中，將於一時半後越過中西部各州，在其第三周中將經過西海岸）。

　　形狀——未據報導，預料為圓球形。

　　內容——有無線電配備，並可能有供給高空科學資料的儀器。

　　軌跡——俄方未確說，但由別國專家們算出，係由西向東發射，南距赤道六十五道，其間可經過美國上空。

　　追蹤——不計其數的專家們及業餘人士以短波無線電收聽到他的無線電信號。

　　肉眼及望遠鏡可見度——報導互相矛盾。日本科學家報導稱：由望遠鏡可見。美國人士報導：肉眼亦已看見。但天體物理專家們稱：由於太陽的光線，白天不可見。

　　目的——搜集太空資料，料想係藉無線電密碼信號發出，如無蘇俄密碼底本則不可解。蘇俄噴射推進專家稱：這是飛往月球的前驅者。

　　軍事價值——目前毫無。

　　人造衛星的未來——可能留於空中數日或數週。預料於迅速落入地球大氣中，實際粉碎而消滅。

美聯社費城五日電

　　富蘭克林學院院長李維特今晨稱：蘇俄人造地球衛星顯已進入一個明確的軌道，每隔九十二分鐘至九十四

分鐘環繞地球運行一週。

　　他係根據一位無線電報務員所收該人造衛星發出之訊號作此表示。

復庸叔函

庸兒覽：

　　九月念五日來書及上學期成績單均已閱悉。兒因天熱及出風疹，而上學期尚能得中上成績，父已滿意。明春大學畢業在邇，望繼續努力，以盡全功。兒紐約旅行，能與厷念世兄晤談，乃此行唯一收穫。厷念年齡較長，學有根底，望多加請教，必多裨益也。

父字　十月六日

10月7日　星期一

　　【無記載】

10月8日　星期二

閏八月十五日月團圓

　　余一生經過兩次閏八月十五日月團圓，亦就是兩個中秋節。第一次閏八月十五日，即清光緒廿六年，歲次「庚子」，余與惟仁老太太均係年方十七歲，今皆七十有四歲矣。今夜天朗氣清，月色分外光明。至關于閏八月不祥說法，已詳閏八月初一日記載中。

10月9日　星期三

一、惟仁老太太請曾量血壓，高190，低70，頗堪注意。

二、沈維經兄介紹香港上海銀行副經理史寶楚兄來見。
　　我告史君上海銀行應將香港、台北、紐約聯成一
　　遍，業務更可發展。

10 月 10 日　星期四
雙十國慶日
　　今逢雙十國慶佳節，整日陽光普照，日緩風和，朵
朵白雲，陪襯著藍色情空，更顯得祥和而壯麗，象徵中
華民國前途光明。本日我參加三個重要節目。

一、本黨第八次全國代表大會，于上午八時在台北市郊
　　陽明山革命實踐研究院隆重揭幕。蔣總裁訓示，今
　　後革命任務比過去更困難，必須研訂計劃方案，
　　努力完成。參加大會出席與列席同志五百餘人，
　　歷時十分鐘禮成後，全體同志返回台北市區，參
　　加各項慶祝國慶活動。大會將于十四日舉行預備會
　　議及第一次會議，定廿二日閉幕。

二、參加總統府十日九時舉行四十六年國慶紀念典禮，
　　蔣總統親臨主持慶典，總統宣讀告全國軍民同胞
　　書，至九時廿分禮成。

三、參加國慶閱兵大典，于上午十時在總統府廣場舉
　　行。蔣總統檢閱陸海空勤部隊及裝備，並致詞訓
　　勉三軍全體將士團結一致，共同努力，以洗雪我
　　們過去恥辱，完成反攻復國抗俄使命。典禮至十
　　一時五十五分鐘完畢。

10月11日　星期五

沈維經先生招待香港上海商業銀行副經理史寶楚先生晚餐，並約我與經濟部長江杓及伍守恭等作。史經理此次來台觀光並考察商務，希望史回港報告，使港行同人贊成在台灣發展該務，則與該行實多裨益也。

10月12日　星期六

一、周彥龍老弟于十月七日中午乘三輪車，被汽車撞斷左跨骨上端，本日在中心診所施行手術（開刀），情形甚好，詳細情形另行記載。彥龍于本年二月間跌傷左腿，經數月診治始能行走，今又闖此大禍，不但醫藥費大成問題，而身體亦大大吃虧。彥龍為人謹慎小心，克己待人，為何不幸乃爾。

二、參觀陸空兩軍裝備展覽，會場人山人海，各裝備絕技精彩，博得觀眾雀躍歡呼。惟各裝備多係美援，吾人尚不能自造，應該覺悟。我係隨參觀大眾排隊進入會場，為張少將載宇發現，一再請我出列單獨參觀，我堅持未肯。

10月13日至22日　星期日至星期二

【無記載】

10月23日　星期三

本黨第八次全國代表大會，自十月十日開幕，十四日開議，廿三日閉幕。其詳細情形另行記載。

10 月 24 日　星期四

一、上午請朱醫量惟仁老太太血壓，高一百八十五，
　　低七十，惟腹部很不舒適。

二、下午三時接見本黨土爾其回國出席第八屆全國代
　　表大會王增善同志。王曾任新疆省民政廳長，為
　　共匪所迫逃走，至巴基斯坦，再至土耳其。

三、美國放高空火箭成，高度可達四千英里，蘇聯人
　　造衛星已相形見拙。該火箭獲得寶貴科學資料。

10 月 25 日　星期五

　　于右任老同志大公子望德眷屬四人，在美國生活困
難，于先生曾託我在政府駐美國有關經濟方面為望德謀
一工作。經轉託俞行政院長鴻鈞，茲俞院長書面答復，
大意是現在國際貨幣基金會、美援技術代表團、聯合國
中國代表團、中國銀行紐約分行等等駐美經濟機構，均
無機會云云。當將此意轉達于先生，認為俞氏所說乃是
實情。

與申叔朋友蔣伯競世兄晤談

一、昨日上午十時接見申叔兒好朋友蔣伯競世兄。伯
　　競是友人蔣鼎文先生侄兒，伯競此次係本黨駐法
　　國總支部選舉回國出席第八次全國代表大會者。
　　伯競說申叔身體較前好，很用心作畫，惟生活可
　　以買畫勉強維持，還是希望家中接濟。我很感謝
　　伯競關照申叔，留伯競午飯，計談五小時之久，
　　約定下次再談。伯競不但聰敏，而且老練，非申

叔幼稚可比也。

二、戴安國世兄（老友季陶的公子）曾赴德國出席某種
會議，回國時經過巴黎，與申叔見面。亦說申叔
身體很好，並說申叔擬明年春夏之間回國一行，然
後再返巴黎，又帶來領帶一條，與最近作品二張，
確有進步。申叔說話太隨便，一切要看他兌現。

10月26日　星期六

第八屆一中全會在陽明山舉行，全會在二小時又
十五分鐘完成，為全會時間最短一次。選舉常務委員，
我仍連任紀律委員會主任。茲將全會新聞一節黏于後。

國民黨八屆一中全會　張道藩等十五人當選為常務委員
正副秘書長張厲生等連任
中央社訊

中國國民黨第八屆中央委員第一次全體會議，于廿
六日上午十時在臺北市郊某地舉行，由蔣總裁親自主
持。大會中決定將第八次全國代表大會之各項決議案，
交由中央常務委員會切實研究處理，並通過中央委員會
組織條例，中央評議委員會議規程。討論畢，選舉張道
藩等十五人為中央常務委員，並通過秘書長、副秘書長
及各組主管人選。于中午十二時閉幕。

總裁在全會開幕及閉幕典禮中皆曾致詞，希望本屆
中央委員會對于八全大會通過之各項決議，包括政綱黨
務工作綱領，大會宣言及一般提案，決定處理辦法，實
踐篤行。總裁並勉勵本屆全體中央委員、中央評議委

員，振起黨的革命精神，擔負責任，切實努力，自反自省，自督自責，澈底革除過去一切不良的習慣。同志之間，要直率坦誠，團結一致，在此新的時代中，要有新的精神，新的學識，新的黨德。一切事情，皆要講求方法，研究發展，努力奮勉，以完成八全大會所交付的使命。

　　本次全會，在開幕典禮後，曾舉行預備會議，繼即舉行第一次會議，均由總裁親自主持，討論通過以下各案。

一、第八次全國代表大會所通過之中國國民黨政綱、中國國民黨現階段黨務工作綱領、大會宣言、對各種報告決議案及一般提案，均交由中央常務委員會分別依照大會決議，切實研究處理。

二、中央委員會組織條例案。

三、中央評議委員會議規程案。

四、選舉中央常務委員張道藩等十五人。

　　總裁並提出張厲生同志為中央委員會秘書長，周宏濤、鄧傳楷二同志為副秘書長，中央各組會主管同志人選，亦經全會通過。

10 月 27 日　星期日

一、偕光叔到台大醫院，分訪住院友人王寵惠、陳勤士（英士長兄）、李崇年、陳老太太（英士先生夫人）。

二、李志獻現在空軍受訓，結業後擬分發有關機械方面學習，特請張載宇代為辦理。

10月28日　星期一

第八次全國代表大會紀要

中國國民黨第八次全國代表大會十月十日（雙十節）開幕典禮情形，已記載于雙十節日記中。茲將從十月十四日至廿三日開會情形，逐日摘要分誌如次。

十月十四日正式開議，出席代表及列席人員五百餘人。首先舉行總理紀念週，隨即舉行預備會議。蔣總裁親自主持紀念週，提示大會任務是恢復革命精神，提高革命黨德，盡力推薦人才，修改黨章，要符合反攻復國要求。

下午三時舉行第一次大會，由張道藩同志主席。陳誠同志代表中央提出政治報告，檢討五年來反共工作。休息十分鐘，由陳建中同志報告大陸匪情，檢討大陸反共革命形勢與我們的任務。

十月十五日舉行第二次大會，由阮賡唐主席。中央秘書長張厲生報告五年來黨務工作，以「鞏固自己、結合民眾、摧毀敵人」為總目標，並提四點意見。

下午三時舉行第三次大會，由蔡功南主席。聽取從政黨員行政院長俞鴻鈞同志提出施政報告，對五年來各部會對于施政政策、措施與成果都有詳盡說明。各代表發言踴躍，檢討施政得失。

十月十六日上午八時卅分舉行第四次大會，由周志柔同志主席。中央從政同志立法院長張道藩、司法院長王寵惠、考試院秘書長景佐綱、監察院長于右任提出書面報告，隨由參謀總長王叔明提出軍事報告。下午三時舉行審查會。

十月十七日上午、下午均舉行提案審會，計收到提案一百四十六件。

十月十八日上午八時卅分舉行第五次大會。蔣總裁親任主席，提出交議案一件，即本黨增設副總裁一人，總裁並作口頭說明。遂經全體同志贊成通過。總裁提交大會議案如下：

八全大會以後，反攻救國事業又進入新階段。一面繼續維護憲法，為民主法治而努力，一面策進大陸革命，以達成反攻復國之任務。黨的工作倍形艱辛，而責任亦益加重大。中正提議本黨應設副總裁一人，並在黨章第五章中增設條文如下：「本黨設副總裁一人，輔助總裁，處理黨務。其人選由總裁提名，經全國代表大會通過之。」

十月十九日上午八時卅分舉行第六次大會，由俞鴻鈞同志主席，討論黨綱修正案。下午三時舉行第七次大會，由陳誠同志主席，繼續討論黨綱修正案。最後決議通過，修正後的黨章，共計十二章、六十四條。

十月廿日上午八時卅分舉行第八次大會，陳誠同志主席。首先討論主席團提案，仍提請蔣中正同志連任本黨總裁，全體代表一致起立通過，熱烈鼓掌歡呼。

下午三時舉行第九次大會，黃少谷同志主席。討論本黨政綱草案，為團結一切反共力量，摧毀匪偽政權，保障憲法賦與人民自由與權利，次為建設台灣，策進反攻。又通過中國國民黨現階段黨務工作綱領。

十月廿一日上午舉行總理紀念週。蔣總裁親臨主持，並訓勉同志，要有新的革命精神，要自反自省，自

立自強，同志之間更要互相規勸，互相批評。紀念週後舉行第十次大會，由張其昀同志主席，討論五院從政同志施政報告決議文。

下午三時舉行第十一次大會，由黃杰同志主席。通過第八屆中央委員會選舉辦法，應選中央委員五十名，候補中央委員廿五名。又通過提案八十七件。

十月廿二日上午舉行第十二次大會，由皮以書主席。修正有關黨務之提案四十件，及有關大陸匪情之提案十四件。大會所有提案至此全部處理完畢。

下午四時舉行第十三次大會，選舉第八屆中央委員，由黃朝琴同志主席。至六時半投票完畢，選出陳誠等五十人為中央委員，王昇等廿五人為候補委員。

十月廿三日舉行第十四次大會，總裁親臨主持。總裁提名陳誠為副裁，並提名于右任及我等七十五人為評議委員，經全體代表起立鼓掌通過。總裁在全場掌聲中致詞，建立黨德，鞏固黨基。

中午舉行大會閉幕典禮，總裁親臨主持。由張道藩同志宣讀宣言，即宣告圓滿閉幕。

結論

一般輿論，這次會議是成功的。我個人有幾點感想，茲述如下：

甲、增設副總裁，是為加強黨的團結，我希望各同志確能收到團結效果。

乙、中央委員、中央評議委員均已增加一倍之多，諸同志應該大公無私，極積奮鬥。

丙、黨章修改已將民主集權制條文取銷，深得各方好
　　評，吾人應極積推真正民主。

丁、此次政綱的製訂皆得要領，切合當前形勢與需要，
　　但最重要關鍵在能切實施行。否則仍照過去議而不
　　決，決而不行老幹法，錯過良好機會，則前途大大
　　可悲了。

10 月 29 日　星期二

【無記載】

10 月 30 日　星期三

一、上午十時參加第八屆中央委員會第一次常務會議，
　　總裁親臨主席，研究處理八全大會之各項決議。

二、申叔現在巴黎生活日感困難，我又無力接濟，他
　　又不願回台灣，必須另想辦法。故于今日午後約
　　晤香港輔人書院校長吳鑄人兄（安徽同鄉，現任立
　　法委員），擬在該校謀一教員位置。鑄人亟表贊
　　同。果能成為事實，于我是莫大幫助，不知申叔
　　意見如何耳。

10 月 31 日　星期四

重陽節

一、今日係蔣總統七十晉一華誕，各界普設壽堂，為
　　恭祝總統福壽康寧。我于上午十時到中央黨部壽
　　堂簽名祝壽，又到總統府簽名祝壽。

二、今日係民立報紀念日，老社長于右任先生特約我

與朱宗良等報社同人午餐。我當時任民立報經理，
朱先生任編輯。民立報鼓吹革命，功在國家。

11 月 1 日　星期五

楊振寧、李政道兩氏研究物理成就卓越，共同獲諾貝爾獎金。楊、李兩博士合作推翻了「對等性定律」，當代學者認為科學上一革命。普度大學研究所長歐本海默推崇楊、李研究工作，認為充滿才華，而且別開生面，解決了許多永久性難奧問題。楊振寧係安徽合肥人，卅四歲，係楊武之先生公子。武之先生係算學家，可惜現在大陸匪區受苦。李政道係生長上海，年三十一歲，係物理學家吳大猷先生得意門生。楊、李二氏獲諾貝爾獎金，是中國人第一次，這是至高無上極大榮譽，與國家在這一方面爭取空前未有光輝，足為中國人今後在國際學術界揚眉土氣。對于青年研究物理化學方面，是一很大的鼓勵。楊、李獲此殊榮，舉國為之振奮。我政府應大開留學之門，鼓勵青年出國，以倍植新人，國家幸甚。楊振寧因係合肥同鄉，在台北合肥同鄉會特去電慶賀。

11 月 2 日　星期六

為凌振鈺小姐、王剛然先生證婚

本日下午六時，凌振鈺小姐與王剛然先生在民眾服務處舉行結婚典禮，請我證婚。振鈺小姐係同鄉凌鐵庵兄姪女（安徽定遠人），剛然（河北省寧河人）係革命黨人王仲波的公子，他們二人都是台北法商學院畢業。

11 月 3 日　星期日

一、陳伯蘭（濟棠）先生逝世三週年，伊公子樹桓在北

投丹鳳山墓地舉行紀念，請我主祭。我偕張壽賢
兄及光叔兒于本日上午十時前往，主持祭奠。

二、台北吳氏宗祠秋季例祭，訂于本日午後在本宗祠
舉行，我偕光叔兒于午後三時前往參加祭奠。宗
祠氣象輝皇。

11月4日　星期一

一、十一月份聯合總理紀念週，在上午九時中山堂舉
行，由我主席。張秘書長屬生報告「八全大會的經
過與成就」。

二、李崇年兄患膽結石，十一月一日在台大醫院用手
術，情形良好。我接連三日到醫院慰問。

11月5日　星期二

【無記載】

11月6日　星期三

一、蔣總統係陰曆九月十五日生日，陽曆十月卅一日
生日。今日係九月十五日，我于上午九時偕洪蘭友
兄到士林總統公館慶祝，蔣大公子殷殷招待賓客。

二、上午十時參加中央常務會議第三次會議，副總裁
主席。

三、午後五時出席小組會議，地點張岳軍兄公館。

四、中央研究院院長朱家驊兄過訪，說他此次辭院長
之經過，實有不得已之苦衷。現在新選的新院長
胡適先生已經總統任命，胡就任與否尚未定。

介紹劉永懋與唐縱見面（唐係省府秘書長）

乃健吾兄勛鑒：

　　台灣省漁管處處長劉永懋（抱誠）同志在弟主黔政時，即隨同前往在省府工作，知之甚深，年來在台主辦漁業行政，亦甚努力。茲特介紹晉謁，尚希多賜指導為荷。

　　　　　　　　　　　　弟吳忠信再拜　　十一月五日

11 月 7 日　星期四
蘇俄紅軍將領朱可夫被整肅

　　蘇俄國防部長朱可夫訪問南斯拉夫和阿爾巴利亞兩國，歸國僅數小時，突然宣告免除職務，調升副部長馬林諾夫斯基繼任（馬係侵略我東北與幕後策動韓戰之禍首），又革去朱可夫俄共中央委員及主席團職位。宣佈被黜罪狀，是反對列寧原則，阻擾以黨制軍。朱可夫被黜，證明俄共權力開爭，內鬨激烈。朱可夫係蘇俄元帥，頒給四枚蘇俄英雄金章，及授給許多其他勛章，又是第二次世界大戰六大名將之一（我國係孫立人）。朱可夫承認錯誤，自謂俄共對他批評正確。除非俄帝內部有極大變動，否則朱可夫將難有翻身之日。朱可夫被黜原因，不外聲望過高，威脅赫魯雪夫，防止軍權高于黨權。我們認為朱被整肅後，莫斯科統治者更顯獨裁，更趨向于反動，就是說對內將以更粗暴而肆虐，對外將更強硬而逞兇。鐵幕中反共運動，將更堅強而進展。

11月8日　星期五

下午三時主持第八屆中央委員會紀律委員會第一次會議。討論黨章修訂後有關紀律修正事宜，計有：

一、修正黨員違反黨紀處分規程案。

二、修正各級組織違反黨紀處分規程案。

三、黨員脫離組織處分標準應否修正案。

四、本會對于中央評議委員會議審核重大黨紀案件，應如何規定案。

下午五時散會後，假陸軍服務社招待本會全體委員及工作同志晚餐。

11月9日　星期六

一、偕惟仁老太太于上午九時請朱醫為老太太診斷，高血壓一百七十五，低七十五。一般情形較十月份良好，較九月份更良好。

二、我本日中午注射本省製生化荷爾蒙。

11月10日　星期日

農曆九月十九日係佛教觀音會，惟仁老太太偕麗安、光叔及和純夫婦到碧潭蒯世祉新居午飯。今天日暖風和，老太太很高興。

11月11日　星期一

一、上午九時參加中央總理紀週，行政院新聞局長沈錡報告率領中國青年赴美出席道德重整會經過情形。

二、惟仁老太太請附近曾醫量血壓，高一百六十，低

七十，但朱醫血壓器通常較曾醫血壓器高十度。
老太太近兩日精神大大好轉。

11 月 12 日　星期二

今日係國父孫中山先生九十二歲誕辰，上午九時到
總統府參加紀念儀式。總統親臨主持典禮，並訓勉同
仁，「紀念國父要上下一致，軍民同心，消除個人安逸
心理和幻想，改正奢靡浪費生活，刻苦耐勞，犧牲奮
鬥，集中全力以軍事第一、科學第一，為兩大工作目
標。」總統對蘇俄試驗洲際成功，及發射人造衛星後世
界局勢亦有檢討。總統特別指出今後要完成反攻復國準
備工作的兩大目標，「一是完成充實反攻軍事力量，一
是建立科學研究發展基礎期」，望全國同胞全力以赴云
云。果能照總統所說切實去做，則前途光明。

11 月 13 日　星期三

上午九時參加中央常務會議第五次會議。第三組鄭
彥芬主口頭報告「十月份華僑回國參加慶典情況之分析
與檢討」，總裁聽取後認為滿意，並說報告已改進。我
認為鄭氏報告有內容、有精神，尤其將優點與缺點坦白
說明，這是歷來報告少有的。總裁批評宣傳方面只注意
文字，很多有關事件不管，對于宣傳心理不研究，往往
使宣傳實得其反。

11 月 14 日　星期四

上午十時到松山療養院看沈維經兄夫人病。下午偕

麗安參觀機器工業出品展覽。

11月15日　星期五

　　麗安牙齒向來不好，多年來採用消積方法不斷診治，未能除去痛苦。雖醫費太貴，不得已今春請周少吾牙醫將上牙左面換去（一千七百元），仍不能解去痛苦。因此決定請素認識牙醫周嘉肇先生將全部拔去，另用假牙（約五千元，其他周少吾等須八千或一萬）。以我經濟情形，相當吃力。

11月16日　星期六

一、旅美華僑新當選中央執行委員會委員劉興誠同志（女）來訪。他談及梁聲泰在美違反黨紀案，中央停止梁黨權一年，未免太輕，請求按照第八次全國代表大會決議予以嚴辦。我答曰該案已經總裁批準矣。劉同志係美國哥崙比亞大學教育碩士，我與劉係初次見面。

二、為黃鐸先生、潘孝慈小姐證婚
　　黃鐸係安徽滁縣人，年卅三歲。潘孝慈係湖南長沙人，廿一歲（潘佑強女公子）。本日下午五時在陸海空三軍俱樂部舉行結婚典禮，請我證婚。男方主婚人林紫貴先生，女方主婚潘佑強先生。

11月17日　星期日

　　「兼聽則明，偏聽則昧，多聽則亂。」這是教人聽話方法，自己要有主張，勿為人所動搖。

11 月 18 日　星期一

上午十時到陽明山參加總理紀念週。總裁主席，監視特種黨部宣誓，並分析當前形勢，認為明年是重要關鍵。

周彥龍（昆田）被撞覆車受傷記

彥龍始過五十之年，身體就這樣不行，未免差勁。今年尤其不利，自春至秋，迭遭無妄之災，在精神受了兩次打擊，為之浩嘆。此次被撞覆車經過，據說如此。

十月七日（星期一）中午十二時許，彥龍僱三輪車，由第一銀行回寓所。途經松鶴樓與台灣銀行之間，突有軍用吉普車一輛從後疾馳而過，將三輪車撞翻。彥龍被出車外，倒于快車道上，比已跌傷左腿，不能起立（上次亦是左腿跌傷），三輪車夫亦經跌下，車身略有損傷。當時路上行人甚多，該吉普車橫衝直撞，發生車禍，為眾目所睹。車上原載有女客三人，伊等見已肇事，速即逸去。彥龍幸經行人援獲，及交通警察趕到現場，遂請雙方同往博愛路派出所，由某警員負責處理。彥龍以傷痛難忍，急于就醫，乃由路過派出所友人另僱三輪車，並陪同赴台大醫院掛急症號，照 X 光。惟台醫院適無病床，于是轉往中心診所住院治療。經診斷係股骨、頸骨折斷，必須動手術，旋于十二日（星期六）開刀，將骨之折斷部份予以銜接。經過情形尚稱良好，但是好好的人開起刀來總是吃虧。

有關肇事之責任，余特別關照寄嶠兄追究。不但警察未詢問負傷人親見之情形，國防部亦未向傷人調查真

相。經多方透過人事關係向國防部交涉，但國防部迄未查明，久懸不決。其癥結在採取警察派出所提出之佐證，認為彥龍所乘之三輪車係被另一三輪車所撞翻，殊不知警察所歪曲事實，為軍事司機解脫責任。如此處理本案，顯屬不負責任，不重民命。既可悲，亦復可歎，而彥龍無辜被撞受傷，實太冤枉。因此彥龍本身經濟又極其困難，而友人接濟亦復有限，不得不提前出院回家療養。計住院月餘，醫藥等費達一萬六千元，今後仍須用錢，始能康復。回憶彥龍當年入藏遇險兩次，一為覆車，一為墜馬，結果平安無事，而機運從此逐漸轉佳。希望彥龍早日恢復，機運亦復如是，故為之記。

11月19日至21日　星期二至四
【無記載】

11月22日　星期五

上午九時惟仁老太太請朱醫量血壓，高一百五十五，低七十，心臟亦轉好，是過去數月來未有之良好現象。且今日天朗氣清，日暖風和，老太太精神愉快。但老太太心臟與血壓隨時有所波動，因此仍須用相當藥品，維持現狀。預測百年後人類新聞黏于後。

百年後的人類　身體大小隨心所欲
月球出現豪華旅館　從陽光中製造食物
美聯社紐約廿二日電

據八位高位科學家今日預測，科學將在今後百年內

造成以下許多驚人的事，到那時候你可以控制你身體的
大小，形狀，和機能，你用你的心說話，而不用動嘴，
你絕不會得精神上或情感上的疾病。我們的情緒和情感
將受藥水或藥片的控制，將來月球上會在風景區出現豪
華的旅館。月球的土地將由各國瓜分。我們每週祇工作
四至八小時。你可以選擇子女的性別，並決定你是要孿
生子，一胎三嬰，或僅要一胎一嬰。你可以經陽光中製
造食物，我們的原料及食水將取自海洋。我們的食物大
部分為蔬菜及合成品，但我們會使它的口味和天然食物
一樣的好，雖然那時我們可能不會認為味道太重要。那
時，世界上將有七十億人口，但沒有一個人會饑餓。我
們的信件將由地球上空的人造衛星以無線電信號的方式
傳給我們。

　　以上這些僅是八位高級科家專家幻想未來顯著的發
展的一部分，他們之中包括兩位參加此間「今後百年」
討論會的諾貝爾獎金得獎人。

11 月 23 日　星期六

　　上午十時出席復興美術工藝職業學校董事會。該校
基礎薄弱，以現在情況，很難發展。

11 月 24 日　星期日

　　【無記載】

11 月 25 日　星期一

　　下午三時主持皖籍國大代表、立法委員、監察委

員、同鄉聯誼會、全體幹事會議。研擬國大代表凌鐵庵
先生十二月八日七十大慶事，決定聯絡凌先生親友組織
籌備會，其慶祝節目以簡單隆重為原則。凌氏定遠縣
人，雙目失目，早歲從事革命甚為努力。

11月26日　星期二

上午十時參加黃克強先生（興）逝世四十一週年紀
念會，推我為臨時主席。我們應該效法黃先生革命實踐
及大公無私精神。

11月27日　星期三

上午十時參加中央常務會議，副總裁主席。決定自
明年一月起，調整軍公教人員待遇：
一、國軍官兵每月支出二千二百萬元，總額係以士兵
　　現支薪餉之六成、士官長現支薪之五成、尉官現
　　支薪餉之四成、校官現支薪餉之三成、將官現支
　　薪餉之一成五計算而得。
二、中央、地方全部文職明年上半年內統照現支薪給
　　（包括統一薪俸、職務加給、服裝費、醫藥費四
　　項）加發一個月。
三、本年度增加支出估計：
　　（1）國軍支出月增二千二百萬元，本年度按六個月
　　　　計算，共增支出一億三千二百萬元。
　　（2）文職人員加發一個月薪給，約五千萬元，中央
　　　　八百萬元，地方四千二百萬元。

四、財源籌措
　　（1）中央以防衛捐節省支出項下六千萬元。防衛
　　　　捐收入增加項下三千萬元。追收欠稅款五千
　　　　萬元。
　　（2）地方所增支出，由省府就省縣市地方收支，自
　　　　行考核籌劃。
查物價漲得快、漲得高，而軍公教人員薪給元始基數太
低，與物價距離太遠，遲遲至今予以調整，確無補于實
際，各種困難仍存在。

11 月 28 日　星期四

　　惟老太太請曾醫量血壓高一百八十，低七十，精神
欠佳。較一星期前血壓大有出入，好在低血壓未有變
動。根本說來，是受心臟及氣候影響。

11 月 29 日　星期五

　　下午三時主持紀律委員會第二次會議，討論第八次
全國代表大會交下從速嚴辦梁聲泰違反黨紀案。查梁聲
泰係本黨在美洲負責幹部之一員，曾在紐約「美洲日
報」發表「和談」社論（其詳情已載我五月十四日及六
月八日日記中）。經紀律委員會決議開除黨籍，而中央
常務會議改為停止黨權一年，並呈總裁批「可」在案。
此次紀律會決議，首申述常會既改停止黨權，總裁批
「可」之經過，其結語本會未變改變。

11 月 30 日　星期六
【無記載】

12月1日 星期日

一、張元夫先生來談張教育部長可能由公家收買張氏
　　所收藏一部分古畫，託我再向張氏進一言。

二、與金幼洲兄商談武少齋兄後事，以及凌鐵庵兄七
　　十誕辰慶祝事。

三、黃克強先生女公子偕其夫君張維綸兄來見。

12月2日 星期一

一、上午九時參加十二月份總理紀念週，外交部政務
　　次長沈昌煥報告訪問中南美各友好國家經過。

二、下午五時參加裕台公司第七屆第三次董事會，討
　　論擬具本公司四十七年度業務計劃及營業計算書。
　　散會後舉行聚餐。

三、美國太平洋空軍總司令庫特上將發表談話，匪機
　　如敢進襲金門，美空軍決迎頭痛擊。這是美國第
　　一次表示將金門包括在中美防禦之列。

12月3日 星期二

一、上午九時偕金幼洲兄到極樂殯儀館弔唁武漢兄（號
　　少齋），係合肥同鄉，于十一月廿八日逝世，享壽
　　七十歲。歷任安徽省望江、郎溪、天長、祁門、蕪
　　湖、霍邱等縣長，民國二十八年抗禦日偽，不幸腿
　　部受傷。遺有夫人韓亞英，及兒子子初、子運、子
　　平、女兒子偉四人。我瞻仰少齋遺容，如同生前。
　　我認識少齋在民國初年，我輓對文曰：

政績足千秋皖水，長流遺愛在；

淒風驚一夕蓬山，永隔古心存。

二、上午十時偕張壽賢參觀紡織工業展覽。查台灣在
日據時代為「工業日本、農業台灣」，紡織業進
步很慢。茲以卅八年與四十六年作一比較，卅八
年棉紡錠二四、〇〇〇枚，織機二、〇〇〇台，
四十六年紡錠一四七、一四〇枚，織機一三六、二
〇〇台。其他如毛紡等，不但一一舉辦，且進步。
當前台灣紡織業最感困難，稅重、生產無出路。

三、何浩若兄新由美國回來，我偕壽賢兄前往國際飯
店回拜，適外出。

四、惟老太請附近曾醫室量血壓，高一百五十，低七
十，是很好現象，希望能以穩定為要。

12月4日　星期三

一、上午十時參加中央委員會常務會議第九次會議，
總裁主席。

秘書處報告評議委員第一次會議（談話會）擬定于
十二月中旬舉行，在會議之前，就有關事項預為
考慮。大體通過，待文字修改後，再報告下星期
一常會決定。

第六組報告共匪整風「與反右派鬥爭」之初步研究
總括報告。總裁說客觀的這個報告很好，總裁又
說共匪「幹部下鄉」、「軍眷下鄉」，應研究正反
兩面利害，又說現在是大時代到了。

陶常委希聖說共黨現在是「恐怖和平共存」，就是

毀滅或投降，民主國家不生即死。共匪控制內部，
預備對外作戰，法國、義大利、日本共黨將實行武
裝暴動。我們警覺是不夠，兩年內決定生死。
二、午後六時三十分，黨部張秘書長在婦女之家歡宴
何浩若（孟君）先生，約我作陪。何氏告我，將赴
香港替美國人辦一個製藥廠，資本美金三百萬元。

12月5日　星期四

今日係上海肇和兵艦起義討袁紀念日，回想當
時，如在目前。諸同人倘發揚過去革命精神，則反攻
何難之有。

12月6日　星期五

上午十時到桃園看蔣老太太，其身體較前進步。並
留我午飯，在座只有蔣堯祥一人。

12月7日　星期六

美國發射衛星失敗

美國自蘇人造衛星及長距離飛彈試放成功後，奪取
美國科學領導地位，美國大受威脅，全國人心大為震
驚。現在飛彈已能趕上蘇俄，昨日美國發射怪獸式飛
彈，能擊五千哩外目標，並證明敵人極難防禦。惟美國
發射人造衛星受挫，因火箭未離開地面即爆炸，美國防
部宣稱一月內無法繼續試驗。茲將美議員指責國防部電
詢黏于後。

美參議員責國防部　試放人造衛星　不應事先宣佈
合眾社西雅圖六日電

　　華盛頓州的民主黨參議員傑克遜今天說，國防部每小時發佈它發射第一顆衛星的失敗情形，是一種「笨拙的判斷」。

　　傑氏稱，「我不相信我們應該提前宣佈我們曉得可能作不到的衛星發射試驗，讓俄國人打著我們進入太空，我們已經夠丟臉了。」按傑氏是國會聯合原子能委員會委員，也是軍事委員會委員。

　　傑氏說，美國和俄國間的競爭，主要是象徵性的。「那是代表科學和技術上的進步」。

　　傑克遜說，國防部已經授給俄國另一個宣傳工具：使美國在發射前鋒衛星的失敗中蒙受恥辱，乃是「愚蠢」的行動。

　　傑氏更說，他深信俄國人一定遭遇過多少次失敗，但是「他們並不宣佈」。

　　他說，國防部作了「笨拙的判斷，笨拙的公共關係，笨拙的宣傳——沒有一樣不笨。」

中央社芝加哥五日合眾電

　　美國國際地球物理年計劃首長今天說，他不相信美國昨夜未能照公開宣布的時刻射出一枚試驗衛星一事，會使美國在世人面前丟臉。

　　美國國際地球物理年全國委員會主席凱普蘭說，聰明的人會猜想到蘇俄在放射史潑尼克進入太空軌道前，亦曾作過很多次試驗。

老同志胡毅生先生逝世

　　胡毅生先生（號隋齋）係胡漢民先生堂弟，于十二月四日下午時七時病逝，享壽七十五歲。由胡氏廣東同鄉及親友組織治喪委員會，我亦是委員之一。遵照胡氏遺囑：「薄殮火化」，于本日（七日）上午九時半舉行大殮，並推我與何敬之、馬超俊、張厲生四人將本黨黨旗覆蓋棺上。胡先生奔走革命，忠勤謀國之餘，復劬于治學，尤工書畫。

12 月 8 日　星期日

一、上午九時到大安區民眾服務社，參加台北市第四屆市議員本黨候選人提名選舉，其投票秩序甚為良好。

二、凌鐵庵兄七十大慶

　　老同志凌鐵庵今日七十華誕，由同鄉及其凌的親友發啟，在實踐堂舉行茶會慶祝。鐵庵兄安徽定遠縣人，從事革命工作五十年矣，其昆仲亦皆革命鍵者，現存者僅凌氏一人。凌氏現任國民大會代表，雖卅年前因患病而雙目失明，對天下大事仍瞭如指掌。我在壽堂與鐵庵拍照，以留紀念。

三、鄭通和赴婆羅洲

　　前任教育部次長、名教授鄭通和先生（號西谷）應聘出任婆羅洲華僑中學校長，于本日（八）下午一時卅分飛香港轉婆羅州就任，我偕光叔到機場送行。鄭氏早期任上海中學校長，頗得各方好評，呼為模範中學。在抗日期間，任甘肅教育廳，很

有成績，實為教育界有數人才。對我素來尊重，對申叔出洋留學更多方幫助，屬在公私，深為感佩。

12月9日　星期一

上午十時到大直國防大學參加總理紀念週。總裁主席，並訓話，有任何一個人沒有全才的，成就人才之道，去其所短，用其所長。王之鈇曰：「取人之直恕其戇，取人之樸恕其愚，取人之介恕其隘，取人之敏恕其疏，取人之辯恕其肆，取人之信恕其拘。所謂人之有所長，必有所短，可因短以見長，不可忌長而摘短。」

12月10日　星期二

同鄉馬壽華先生（號木軒）長男公子漢寶與蕭亞麟小姐，于本日下午四時在聖公會教堂舉行結婚，我親往慶賀。

12月11日　星期三

上午十時參加中央第一次常務會議，總裁主席。有如下之指示：

一、關于報紙增加篇幅，表示不贊成。並說破壞過去八年政策，不合革命做法，中央日報不必增加篇幅。

二、行政、立法、監察、政治、經濟、教育應經常研究，組織統一機構。張秘書長說先由行政院、立法院、總統府秘書長、中央黨部秘書長，先從小規模研究。

三、每月要有一次研究敵情會議。

四、社會現狀愈弄愈糟，敵人如此批評。

五、思想混亂，輿論應負責任。

我每次在紀念週或開會時聽總裁鼓勵大家的話，真是苦口婆心，舌敝唇焦，但言者諄諄，聽著藐藐。如檢討做不好原因，不外幹部不是不負責，就是無能，倘不澈底改革，當不足以言反攻。

12 月 12 日　星期四

惟仁老太太請曾醫室量血壓，高一百四十，低七十。這是從來未有的，惟希望能以穩定，不要波動。

12 月 13 日　星期五

楊震寧、李政道接受獎金

中國青年楊震寧（卅五歲，合肥人）、李政道（卅一歲，有說是四川人，又有說蘇人）兩位科學家在瑞典接受諾貝爾獎金，由瑞典國王親自頒獎，贏得最大榮譽。瑞典國家科院教授克萊恩教授于頒獎時發表演說，李、楊二氏榮獲此獎，係因他們所謂對等性定律有深入之研究，從而導致有關質子的重要發現。萊教授又說，物理學家只好依從中國古代老子思想說法，即「凡可說出名字質子，即非永久質子。」（按老子道德經云：「道可道，非常道，名可名，非常名」。）萊氏所說老子之名字，就我推想，佛經所說之名字，似覺較高一層。

諾貝爾獎頒發禮中　瑞典一名教授　頌揚老子學說
中央社記者洪珊斯德哥爾摩十日專電

　　瑞典皇家科學院克萊恩教授於十日下午諾貝爾獎金給獎典禮中，稱讚中國物理學家，中國古代的哲學家老子也連帶受到他的頌揚。

　　在論及很難發現綜合有關新舊質子學說一切新事實的理論時，克萊恩教授說：關於真正的質子，物理學家只好依從中國古代的思想家老子的說法，即「凡可說出名字的質子，即非永久的質子」（按老子道德經有云：「道可道，非常道，名可名，非常名。」）

　　克萊恩補充說：老子自然未曾談過質子，但他說過最深奧的人生原理「道」。物理當然遠比人生為簡單，而物理學家復有實驗和數學為之幫助。

　　克萊恩沒有忘記吳健雄對於李、楊兩氏成功的貢獻。在他的演說中，他特別提到否定對等定律的最初的成功試驗，是由中國女物理學家吳健雄在哥倫比亞大學實現的。

12月14日　星期六

　　【無記載】

12月15日　星期日

紀念張溥泉先生逝世十週年

　　本日上午九時在實踐堂舉行張溥泉（繼）先生十週年紀念會，推我主席，並致辭。我強調溥泉先生「肯說話，說真話，有膽量，有義氣，黨性堅強，反共堅決等

精神」，尤其最後說張先生太傻一段，是我最覺滿意
的。是這樣說的，「我認為真正傻的人，其天性必厚，
什麼叫天性厚，就是有道德，有道德人不為自己打算，
才能有真智慧。我們真正革命黨人多半有點傻氣，因為
小聰明人太多了，所以我們在大陸失敗。我們希望出
幾個傻子革命黨，則革命必定成功，回大陸更不成問
題。」其致辭全文黏于後。

張繼逝世十週年　陳副總統等舉行紀念儀式
吳忠信推崇溥老有膽量黨性強
中央社訊

　　為紀念革命元老張繼（溥泉）逝世十週年忌辰，張
氏生前友好於十五日上午在實踐堂舉行紀念儀式，陳副
總統及政府高級官員國民黨同志數百人皆參加此一儀
式。紀念會由國民黨中央評議委員吳忠信主席，他曾致
詞推崇張氏當年參加革命的精神。中央評議委員谷正鼎
亦曾在會中報告張氏生平事蹟。

　　參加紀念會者有于右任、鈕永建、王秉鈞、張羣、
何應欽、俞鴻鈞、張道藩、谷正綱、張厲生、黃少谷、
謝冠生、羅家倫、馬星野、鄭彥棻、倪文亞、馬國琳等
數百人，張夫人崔震華亦參加紀念會。吳忠信致詞說：
今天是溥泉先生逝世十周年紀念日，溥泉先生是大家都
知道的，溥泉先生為人特點非常之多，茲就個人所體驗
到的，列舉三項：
第一、溥泉先生肯說話，說真話；
第二、溥泉先生有膽量，有義氣；

第三、溥泉先生黨性堅強，反共堅決。

我們同溥泉先生相處或在集會場合，深知其說話，心口如一，不顧一切，從未聽到他說過假話。有時自知某一句說錯，他就承認，這種態度是最難得的。

至於溥泉先生有膽量有義氣，表現這種精神的地方很多，現在我舉出他援救汪精衛的事情。溥泉先生向來不贊成汪精衛，但民國廿四年十一月一日本黨開第四屆第六次全體會議的時候，汪精衛被刺客槍擊，當時秩序很亂，溥泉先生挺身而出，將刺客抱住。這種見義勇為，大無畏的精神，實在少有。後來汪精衛背叛黨國，未免辜負溥泉先生營救的精神。

再說到溥泉先生黨性堅強，反共堅決。溥泉先生是反共最早的，亦是了不起的。我略述溥泉先生罵馮玉祥不革命的一段故事，在民國三十年三月廿九日本黨召開第五屆第八次全體會議，當天下午研討黨務，溥泉先生指出：我們革命的陣容裡，已經有人偏袒共產黨；暗示是馮玉祥。於是馮玉祥起立發言，他說，民國初年溥泉先生罵玉祥不革命，等到玉祥推翻曹錕，驅逐溥儀，溥泉先生又說：馮玉祥現在革命了，馮玉祥你站起來，我向你磕頭謝罪。可見馮玉祥避免溥泉先生說他祖護共產黨，亦可見溥泉先生只要你能革命，他就贊成。可惜後來馮玉祥還是思想發生問題，弄到在赴俄國船中慘死。有人說溥泉先生太傻，我認為真正傻的人其天性必厚，什麼叫天性厚，就是有道德，有道德的人不為自己打算，才能有真智慧。我們真正革命黨人多半有點傻氣，因為小聰明人太多了，所以我們在大陸失敗。我們希望

多出幾個傻子革命黨，則革命必定成功，回大陸更不成
問題的。

12 月 16 日至 17 日　星期一至二
【無記載】

12 月 18 日　星期三
奚東曙將來台灣

　　日前陳主任建中來說，奚東曙（倫）已脫離鐵幕，
現在香港（並由陳交閱本年七月間奚致我的親筆函）。
陳託我致函東曙，促其來台，我當即表示可以去函。如
奚要去美國，我們應事先考慮，准其赴美，請你與中
央有關方面商得同意後，我即去函促奚來台，似可成為
事實云云。陳答美國人亦有此意奚去美國。余曰還是事
先商定較為妥當，以免事後發生問題，只要大家商定，
即請你草擬信稿送來，我即照辦。我並強調我辦事注重
把握，注重信用，一切慎之于先。蓋中央機關多，意見
多，往往此說是、彼說非，弄到經辦人不能下台。尤其
奚東曙本年七月間致我一封親筆信，遲至目前才給我
看，未免耽誤機會，殊為可惜。今日陳主任派人送來代
我擬致奚信稿，可以准奚赴美。陳主任建平（第六組）
又告張壽賢兄，此事已面報總裁矣。函稿經我修改後，
即繕交第六組轉交東曙。原函錄于後頁。

東曙老弟惠鑒：

　　數年闊別，音信阻隔，翹望雲天，懷念曷似。前接
華翰，藉諗佳況，不勝欣慰之至。至神州淪陷竹幕，一

切措施當局均所深悉。老弟處境尤為同情與關切，至盼
來台共襄國事。老弟明達，當能體念當局之渴望。至祈
早日命駕東來，或留此工作，或去美休養，悉聽尊意決
定，如何仍請示知。專此奉復，祗頌
旅祺

　　　　　　　　吳忠信敬啟　四十六年十二月十八日

何浩若兄抱犧牲決心

　　何浩若（孟吾）兄本日（十八）上午九時半過訪。
據云他對我在張溥泉先生十週年紀念會致辭十分感動。
他將于本月三十日赴香港，表面上替美國人籌辦製藥廠
（資本美金三百萬），實際上係做大陸反共工作。何
氏強調他係國民黨三民主義信徒，不久以前在美國受過
天主教洗禮，此次赴港兇多吉少，抱定犧牲精神。此等
話在台未向任何人說過，因欽佩禮卿先生，只向禮卿一
人報告，將來真正犧牲，再請禮卿先生向總裁及諸同志
說明赴港之決心。我答曰為革命、為救人而犧牲是所難
免，萬不可無味犧牲。他又樂觀曰，可能先我們到大陸
亦未可知。何氏文武兼資，性情爽直。何現任美國國家
廣播公司專欄作家。

申叔致昆田函有「內子」致意一語

　　申叔致昆田函，據云回台過農曆年，現在正準備辦
台灣入境證。其函尾說內子致意，又說內子家有錢，其
回香港手續已辦妥，將另函老太太云云。此一段話無頭
無尾，令人莫名其妙，事先毫無所聞，這種做法對父

母實有未當。我早經說過，只要你有生活能力，你就結婚，事既如此，我與惟仁老太太不得不有所表示。故請昆田轉告申叔，兩位老人說，「男大當婚，女大當嫁，古今不易之理。你早經成年，又當自由時代，你的婚事由你自主是應該的。」

12 月 19 日　星期四
【無記載】

12 月 20 日　星期五

一、下午三時主持紀律委員會第三次會議，討論林崇鏞、葛覃、黃文發恢復黨籍案。

二、下午四時出席小組會，選舉徐永昌同志為小組長。

三、北大西洋公約國會議

　　北大西洋同盟公約組織（十五國）高級層會議閉幕中，美國總統艾森豪說，認為各項決議，將使「戰爭可能減少，和平確定增加。」他又說北大西洋更加強大。此次會議重要關鍵是美國希望在西歐建飛彈基地，但西歐希望和平。其結果，美國贊成西歐與蘇俄談和平，西歐接受美國建立飛彈基地，因此英國明年開始建造飛彈基地。美國中程彈須十八個月運到，使英、土、法、荷儲存。在十八個月空間，以及未奪回俄國科學領導地位，美國戰略地位實居于劣勢，引起俄國示強。聞俄已拒絕恢復裁軍談判，妄國與美雙邊會議。西方實力外交變成了紙老虎，談判之門將出現拖延黯

淡之局。

12月21日　星期六
【無記載】

12月22日　星期日
　　惟仁、麗安二人昨日上午同去看電影，下午同去
請曾醫室量血壓。惟仁高一百六十，低七十五。麗安高
一百六十，低九十五。麗安血壓以覺較高，須加以注意。

12月23日　星期一
【無記載】

12月24日　星期二
　　昨、今兩日光復大陸設計委員會舉行第四次會議。
我每次會議都出席，聽聽政府外交、財經等報告，其他
案件並無精彩。這次會議是一種例會，官樣文章，我們
出席人深感無聊，可以說耗財、費時、傷精神。

12月25日　星期三
慶祝行憲十週年
　　中華民國憲法于卅五年十二月廿五日經制憲國民大
會制定，卅六年元旦公佈，並定于是年十二月廿五日正
式實施。這是中華民國建國史上劃時代的盛舉，至本年
十二月廿五日已屆滿十週年。第一屆行憲國民大會代
表慶祝中華民國行憲十週年紀念及四十六度年會，于本

日（廿五）上午九時在中山堂中正廳舉行。蔣總統親臨致詞，陳副總統及中央各部會首長、立監委員、考試委員、大法官皆應邀到會觀禮，我等在台國大代表一千五百多人都興高采烈的參加此一盛會。

蔣總統于九時卅分蒞臨會場，即席作歷時五十鐘懇切致詞。其大意勉勵國大代表維護憲法，雪恥救國，激發愛國良知，貢獻智慧、能力與生命，為大陸同胞與後代子孫爭取人權自由，同心協力完成反攻復國偉業，並就國家環境加以闡述，籲請全國同胞認識當前處境之艱難與惡劣。並希望同人認清我們是五院政府，五權憲法，五院雖彼此獨立，但政府是整個，希望大家能風雨同舟，共患難，同生死，要團結力量，不要分散力量。總統心情非常沉痛，提到五院時，有「彈劾人的人並不是光榮，被彈劾的人並不是恥辱」。現在正是監察院彈劾行政院俞院長違法失職之際，總統如此說法，似欠斟酌。我認為五院者亦就是國民黨之五院也，為何不能合作，中央領導無方之故也。

12 月 26 日　星期四
為王錚、盧餘娟證婚

下午五時王錚、盧餘娟在陸軍服務社舉舉結婚典禮，請我證婚。王錚係安徽合肥縣人，卅三歲，初在四川教育學院讀農業教育系農藝組，抗戰勝利後重入金陵大學習農業工程，現在農業學校教書。盧餘娟浙江鎮海縣人，高商畢業，現在公賣局服務。

12月27日　星期五

昨日惟仁老太太請曾醫室量血壓，高 140，低七十，這是很好平穩血壓。

12月28日　星期六

今日中午注射本省生化藥廠製荷爾蒙，上次十一月九日注射的。

12月29日　星期日

下午六時半假台糖公司大安宿舍招待何浩若、于右老晚餐，並約何雪竹、李崇實、蔡屏藩、楊繼增、狄君武（膺）、張壽賢、于望德（右老大公子）等作陪，席間浩若兄暢談美國社會情形。至八時半盡歡而散。

12月30日　星期一

上午十時到陽明山，參加革命實踐研究院總理紀念週暨黨政軍幹部聯合作戰研究班第十期研究員結業典禮，總裁親臨主持。

12月31日　星期二

【無記載】

伊斯蘭教之研究弁言

一部古蘭經無非闡明做人之道。人者，家之所，自始積家成國，積國成天下，由修身以齊家，家齊而國治，國治而後天下平。修之、齊之、治之、平之，各階層各有其環境，即各有其適應環境之方法，為伊斯蘭教所遵奉之惟一經典。伊與耶同源而異流，除篤信一神外，與儒家之理論足資相互印證之處甚多。試舉一最顯著者，伊斯蘭教天下穆民皆兄弟，亦猶儒家所云四海之內皆兄弟也，世界大同實基於此。往者僅由教中阿衡以阿拉伯文遞相傳授，故未大顯於時，邇經碩學通儒從事侈譯，曾經獲睹之已刊行者有劉先生冠豪、王阿衡靜齋、歐司愛哈同各家、時子周、楊子厚。

民國日記 80

吳忠信日記（1957）
The Diaries of Wu Chung-hsin, 1957

原　　著　吳忠信
主　　編　王文隆
總 編 輯　陳新林、呂芳上
執行編輯　李佳若
封面設計　陳新林
排　　版　溫心忻、施宜伶

出　　版　開源書局出版有限公司
　　　　　香港金鐘夏慤道 18 號海富中心
　　　　　1 座 26 樓 06 室
　　　　　TEL：+852-35860995

　　　　　民國歷史文化學社 有限公司
　　　　　10646 台北市大安區羅斯福路三段
　　　　　　　37 號 7 樓之 1
　　　　　TEL：+886-2-2369-6912
　　　　　FAX：+886-2-2369-6990

初版一刷　2021 年 10 月 29 日
定　　價　新台幣 350 元
　　　　　港　幣　90 元
　　　　　美　元　13 元
I S B N　978-626-7036-19-8
印　　刷　長達印刷有限公司
　　　　　台北市西園路二段 50 巷 4 弄 21 號
　　　　　TEL：+886-2-2304-0488

http://www.rchcs.com.tw

國家圖書館出版品預行編目 (CIP) 資料
吳忠信日記 (1957) = The diaries of Wu Chung-hsin, 1957/ 吳忠信原著；王文隆主編 . -- 初版 . --
臺北市 : 民國歷史文化學社有限公司 , 2021.10

　面；　公分 . -- (民國日記；80)

ISBN 978-626-7036-19-8　（平裝）

1. 吳忠信　2. 傳記

782.887　　　　　　　　　　　110015947